75 AMIGOS

Odair Quintella

75 AMIGOS

CAUSOS quase VERÍDICOS

Editora Labrador

Copyright © 2019 de Odair Quintella
Todos os direitos desta edição reservados à Editora Labrador.

Coordenação editorial
Erika Nakahata

Revisão
Laila Guilherme
Luiza Lotufo
Gabriela Castro

Projeto gráfico, diagramação e capa
Felipe Rosa

Imagem de capa
Acervo pessoal do autor
Diário Carioca

Dados Internacionais de Catalogação na Publicação (CIP)
Angélica Ilacqua — CRB-8/7057

Quintella, Odair, 1945
   75 amigos : causos quase verídicos / Odair Quintella. — São Paulo : Labrador, 2019.
   120 p.

ISBN 978-65-5044-046-6

1. Quintella, Odair, 1945 - Memória autobiográfica 2. Contos brasileiros I. Título

19-2789   CDD B869.8

Índice para catálogo sistemático:
1. Contos brasileiros

EDITORA
Labrador

Editora Labrador
Diretor editorial: Daniel Pinsky
Rua Dr. José Elias, 520 – Alto da Lapa
05083-030 – São Paulo – SP
+55 (11) 3641-7446
contato@editoralabrador.com.br
www.editoralabrador.com.br
facebook.com/editoralabrador
instagram.com/editoralabrador

A reprodução de qualquer parte desta obra é ilegal e configura uma apropriação indevida dos direitos intelectuais e patrimoniais do autor.

A editora não é responsável pelo conteúdo deste livro.
O autor conhece os fatos narrados, pelos quais é responsável, assim como se responsabiliza pelos juízos emitidos.

Este livro foi escrito com muita paixão. Por falar em paixão, eu o dedico à Stella, companheira há quase duas décadas, "na alegria e na tristeza".

Amigo é coisa pra se guardar
Debaixo de sete chaves
Dentro do coração
[...]
Amigo é coisa pra se guardar
No lado esquerdo do peito
Mesmo que o tempo e a distância digam "não".

Fernando Brant & Milton Nascimento,
"Canção da América"

SUMÁRIO

INTRODUÇÃO 11

TIPOS DE AMIGO 13

COLÉGIO SOUZA AGUIAR 38

ESCOLA NACIONAL DE ENGENHARIA (ENE) 49

PRÊMIO NACIONAL DA QUALIDADE (PNQ) 63

AVALIAÇÃO EM MAPUTO 70

AMIGOS DA VIDA 80

AMIGOS DE TRABALHO 87

AMIGOS DO MESTRADO 95

HISTÓRIAS INVENTADAS 105

MIGUEL PEREIRA 109

EU NUNCA 112

"SUGESTÕES E RECOMENDAÇÕES" 114

RELAÇÃO DE NOMES CITADOS 115

INTRODUÇÃO

As histórias aqui contadas são uma livre viagem do autor (eu) em torno de suas memórias. Essas histórias estão relacionadas, de alguma forma, a amigos. Amigos que foram passando pelos 75 anos de sua vida. É fundamental dizer que as histórias não têm nenhum compromisso com a exatidão dos fatos. O importante é a minha versão. Mas todas têm um fundo de verdade.

Por precaução, e para não criar conflitos familiares, as histórias de parentes até quinto grau não entram nesta coletânea. Ficam para outra oportunidade. Quem sabe para serem contadas pelo **Fernando**, primo que guarda na memória as melhores (e algumas das piores) histórias da família Quintella, a maioria delas ouvidas de sua mãe, a **Tia Nilza**.

Em uma ou duas histórias os nomes foram omitidos para evitar confusão com os amigos envolvidos ou então ser processado pelo personagem.

Isso mesmo, estou "tirando o meu da reta".

Reforço o entendimento de que o objetivo do livro é contar "causos". Causos que envolvem amigos e nos quais eu tive alguma participação. Assim, você que se considera meu amigo e não encontrou o seu nome em alguma história, não é porque eu não o considere meu amigo. É porque não foram atendidas as três condições: uma história + com um amigo + em que eu tenha participado.

Boa leitura!

TIPOS DE AMIGO
—

Interessante como uma palavra tão simples — amigo —, que parece ser compreendida por todos, pode ter tantos entendimentos.

Conheci pessoas, como a minha mãe, por exemplo, que raramente classificava alguém como amigo ou amiga. Era mais fácil ela classificar como "colega". Palavra que também pode ter vários entendimentos. Mas isso fica para o próximo livro.

Eu tenho relativa facilidade de classificar alguém como amigo. Mas conheço pessoas que põem todo mundo neste grupo.

Tentando esclarecer o assunto, eis algumas "definições" que encontrei. Em seguida, vão aparecer algumas classificações que fiz para mostrar meu entendimento sobre o que é amigo.

Definições:

- Amigo é aquele cara para quem você diz: "Fiz a maior m%$#*&erda". E ele responde: "Onde vamos esconder o defunto?". (**Luiz Cesar**, meu irmão preferido.)
- A amizade é uma palavra sagrada, é uma coisa santa e só pode existir entre pessoas de bem, só se mantém quando há estima mútua; conserva-se não tanto pelos benefícios quanto por uma vida de bondade. (Étienne de La Boétie, filósofo que viveu no século XVI.)

AMIGO DA ONÇA

Para os mais jovens, vale uma explicação sobre esse personagem. Criação do desenhista Péricles, o Amigo da Onça surgiu de uma história em que o personagem elaborou a seguinte hipótese para um amigo seu:

— Você está em uma floresta e surge na sua frente uma onça. O que você faz?

— Pego a espingarda e dou um tiro mortal nela.

— Mas suponha que a espingarda falhe. O que você faz?

— Pego uma pedra e atiro nela.

— Mas considere que não haja nenhuma pedra por perto.

— Aí, então, eu subo em uma árvore.

— Mas onças também sobem em árvore.

O amigo explode de raiva e eterniza o personagem:

— Pombas, você é meu amigo ou amigo da onça?

Depois de muitos anos aparecendo semanalmente na revista *O Cruzeiro*, o termo "amigo da onça" se transformou em sinônimo de falso amigo ou, de forma mais branda, amigo que não é tão amigo assim.

Eu tenho alguns exemplos de amigos da onça.

O primeiro é uma passagem ocorrida quando eu era consultor da Cezar Sucupira Educação e Consultoria, empresa que chegou a ter uns 20 consultores exclusivos. Na época da história que vou contar, éramos uns oito. Era comum viajarem dois ou três consultores juntos para visitar um mesmo cliente e assim dar maior peso à visita. Dessa vez viajamos eu e Luiz **Salgueiro**, consultor de extrema habilidade comercial e excepcional conhecimento da vasta gama de produtos que vendia e implantava nas empresas. Corria o início da década de 1990, e a moda — para o meu lado — era uma tal de ISO 9000, norma internacional para a área da qualidade e que era então meu carro-chefe, o produto que eu mais me esforçava para vender aos clientes. Reconheço que tinha dificuldade, na época, para vender a implantação da tal norma. Não tinha a experiência que o Salgueiro tinha, e também porque o argumento que eu usava era do tipo "a qualidade do seu produto/serviço vai melhorar muito" ou "a sua empresa vai ser reconhecida como uma empresa de qualidade". Para o empresário — quase sempre imediatista —, os meus argumentos não eram tangíveis. Ele queria ver a caixa registradora tilintando com $$$$$, à semelhança dos olhinhos do Tio Patinhas.

Mas daquela vez seria diferente. Eu estava viajando com o Salgueiro para visitar um cliente em Caxias do Sul, no Rio Grande do Sul. O Salgueiro era o consultor-líder do projeto de MRP-II (uma das técnicas que dominava), que se desenrolava lá havia cerca de dois anos e era muito respeitado pela sua competência. Imaginei que dessa vez seria fácil conseguir vender minha consultoria. Com o Salgueiro ao meu lado, com a sua fama e seu apoio, eram favas contadas. Mas como o Salgueiro era (e é ainda) uma pessoa que você precisa ter argumentos muito fortes para fazer com que ele mude de opinião (se mudar), qual não foi minha surpresa ao ouvi-lo argumentar com o cliente que a implantação daquela norma não era importante pois não traria vantagens para a empresa. É claro que a empresa não comprou a consultoria de implantação da ISO. Só me restou, ao retornar à nossa base, no Rio de Janeiro, ironicamente "recomendar" ao titular da consultoria, o Cezar Augusto **Sucupira,** que retirasse do portfólio o produto ISO 9000, pois pelo visto "não trazia vantagens para as empresas".

Eu registrei o ocorrido na memória e decidi que um dia iria contar essa história em um livro. Aqui está.

O segundo aconteceu em janeiro de 2004, em um evento em que participávamos eu, **Waldyr** Garcia de Oliveira Neto e **Márcio** Machado como consultores.

Waldyr e Márcio eram consultores de uma *softhouse* de Petrópolis, chamada Apia. E, na qualidade de colaboradores dessa empresa, tinham vendido uma solução de informatização para a Thor Granitos, que ficava em Itaboraí, no Rio de Janeiro, para adoção da última palavra em softwares para a área industrial.

O Waldyr, além desta venda, negociou um projeto de modernização das práticas de gestão da empresa. O argumento era simples: a empresa se informatiza com o que há de mais atual e continua atuando com práticas obsoletas e atrasadas. Consequência: a informatização servirá para perenizar e tornar mais rápidas as incompetências.

Foi então idealizada pelo Waldyr, com a colaboração minha e do Márcio, a realização do que chamávamos de "fórum". O fórum era um evento realizado em hotel, em uma espécie de confinamento, em que participavam toda a diretoria e o corpo gerencial. Tinha a duração de três a quatro dias. O objetivo era dar início a um projeto de mudanças e mostrar as técnicas mais modernas de gestão empresarial e sugerir a sua adoção pela empresa. Era, enfim, um evento de conscientização dos principais executivos para a adoção daquelas técnicas. O sucesso de um evento desse tipo representava ganhos para a empresa e a garantia de trabalho de consultoria para pelo menos um ano. Isso fazia com que o nosso empenho — meu, do Waldyr e do Márcio — para o sucesso do fórum começasse algumas semanas antes da sua realização. Nada podia dar errado, caso contrário não teríamos nem o início do projeto.

Naquele fórum da Thor, participaram todos os diretores e gerentes. O Zenildo, dono da Thor, estava lá, todos os dias. Entre os gerentes estava um amigo meu que foi, não sei se por acaso, o mais cricri. Ele estava há pouco tempo na empresa e parecia que queria aparecer. Inclusive interrompendo as apresentações e expondo as suas opiniões. Uma boa parte das vezes discordando do que era apresentado. Quando terminou a primeira parte da manhã, a trinca se reuniu em um canto para avaliar o que estava acontecendo e procurar entender a postura do meu amigo. O Márcio ficou extremamente abismado com a postura dele e me fez o seguinte comentário:

— Puxa, você disse que o cara é seu amigo, mas desse jeito ele vai derrubar a gente. Responda-me, com toda a sinceridade: ele é teu amigo ou amigo da onça?

De forma hábil, o Waldyr, como coordenador do evento, conseguiu resolver o problema ao reservar um espaço na agenda para ser conduzido pelo meu amigo. Ele recusou com a alegação de não ter material adequado. Foi a chamada "técnica de inversão de papéis". Bingo!

AMIGO EMPREGADOR

É aquela pessoa que você ainda não considera como amigo e — você nem sabe o porquê — lhe oferece uma oportunidade de emprego. Eu tive vários desses tipos de amigo: **Alexandre** Guilherme de Oliveira e Silva e **Nauberto** Rodrigues Pinto, na época em que eu ainda era estudante de engenharia, e **Romeu** Carlos Lopes de Abreu e **Pedro Augusto** de Araújo Pinto, companheiros da jornada da qualidade.

Meu pai foi o meu primeiro amigo empregador. Um típico caso de nepotismo, quando me arrumou um emprego de jornalista na revista *O Cruzeiro*, quando eu tinha 17 anos e uma "vasta" experiência na profissão. Mas parente não conta, conforme considerei na introdução.

AMIGO EMPREGUENE — EMPREGADOR DA ENE

O Nauberto foi, por duas vezes, amigo empregador. Na primeira vez me tirou da revista *O Cruzeiro*, onde eu trabalhava havia seis anos, para ser estagiário na Faulhaber. Na segunda vez, me ofereceu a oportunidade de ir trabalhar na Fábrica Nacional de Motores (FNM), como engenheiro, com a possibilidade de mudança para a Itália, para trabalhar na Alfa Romeo, em Milão.

Aliás, é importante esclarecer a origem do nome do amigo Nauberto, pois essa explicação eu tive que apresentar em Milão, na Alfa Romeo, depois que terminei a minha passagem por lá.

Em 1970, quando fui trabalhar na FNM, o Nauberto foi para a Alfa Romeo. A minha ida estava prevista para o ano seguinte. E assim aconteceu.

Era praxe o profissional estrangeiro, que estava terminando o período de trabalho por lá, conceder uma entrevista para o jornal interno da Alfa Romeo, para publicação na edição mensal seguinte. O repórter que me entrevistava fazia perguntas relacionadas às atividades que havia desenvolvido na empresa e algumas de cunho pessoal. E uma destas me causou estranheza. Ele me perguntou os nomes dos meus pais e como se deu a fusão desses nomes para sair um "Odair". Não entendi e perguntei a ele a razão da pergunta. Ele então me explicou que o engenheiro brasileiro que estivera lá no ano anterior — o Nauberto — tinha explicado que no Brasil os nomes dos filhos eram dados com a mistura dos nomes dos pais. Por exemplo: a mãe dele se chamava **NAU**tília e o pai, Gil**BERTO**. Daí NAU + BERTO = NAUBERTO. Eu, então, expliquei ao repórter que isso não era regra e é mais comum em certas regiões do Brasil. Na Paraíba, por exemplo, estado onde o Nauberto nasceu.

O outro amigo empregador é o Alexandre.

Alexandre hoje mora no paraíso da Ilha Grande, município de Angra dos Reis, onde desenvolve atividades de proteção ao meio ambiente e preservação das coisas da Ilha.

Corriam os idos de 1969, e nós estávamos no último ano da faculdade. Eu estava trabalhando na Faulhaber, e ele estava saindo do estaleiro Caneco para trabalhar em uma empresa de projetos, a Foster Williams, por isso me ofereceu a sua vaga de estagiário no estaleiro. Diga-se de passagem, naquela época a indústria naval estava a todo vapor. Entendi que seria uma grande oportunidade de crescimento. E realmente foi. Para ele também foi um bom negócio a troca.

Aliás, tem uma história do Alexandre que é muito interessante. Como já mencionei, ele é um grande defensor do meio ambiente e preservação da Ilha Grande. Fica incomodado com as agressões à Ilha. Por exemplo, a chegada de transatlânticos na temporada de verão, com milhares de passageiros, que ficam poucas horas na Ilha mas causam um grande transtorno.

Em novembro de 2008, fomos eu e **Stella** Regina Reis da Costa à Ilha Grande passar um final de semana. Um dos passeios sugeridos pelo Alexandre era ir até a praia de Lopes Mendes. Linda, diga-se de passagem. Lá o Alexandre teve a oportunidade de mostrar dois exemplos de coisas que o irritam. Primeiro, foi a presença de micos. Segundo, a existência de pés de abricó. Alexandre classificou os dois como estranhos à região — os chamados exóticos — que foram trazidos para a Ilha pelos homens.

Eu não falei nada, para não perder o amigo. Mas pensei: "Exótico? Não tem nada mais exótico do que a nossa presença na Ilha. Se é para manter o paraíso, não deveria ter ninguém".

AMIGO EMPREGAQUAL — EMPREGADOR DA QUALIDADE

Nos idos dos anos 1980, eu estava trabalhando na Usimeca e entendia que os meus horizontes não podiam ficar limitados a Nova Iguaçu, onde a Usimeca se localizava. Mais adiante detalharei a minha passagem por essa empresa. Aguardem.

Um amigo, **Aloísio**, que era professor da FGV e gerente de compras da Schindler — empresa de elevadores que ficava em

São Cristóvão —, foi a primeira pessoa a me convidar para dar aula na FGV. Ainda na base de acetato e caneta Pilot para transparências. O Aloísio, quando ia à Usimeca para visitas de trabalho, batia papos comigo de orientação do tipo pai para filho. Evidentemente, eu era o filho. Algumas coisas que ele me disse foram importantes na minha carreira. Uma que não esqueci era a necessidade de ter uma rede de relacionamento. Entre suas dicas, ele mencionava a participação em associações de classe profissional (Clube de Engenharia) e a presença em eventos de entidades patronais (Firjan). Esses exemplos eu posso citar hoje porque realmente acabei me ligando a essas entidades, mas na época não tinha a menor ideia de como fazer isso.

Um dia a oportunidade pioneira surgiu, e foi por meio de um curso de Círculos de Controle da Qualidade (CCQ), organizado por uma entidade chamada Associação Fluminense de CCQ, a AFCCQ. O curso foi coordenado e conduzido pelo Romeu, que também era diretor de comunicação da entidade. Aí começou uma grande guinada na minha vida. Descobri que existia vida inteligente além de Nova Iguaçu. Passei a frequentar a AFCCQ e acabei atuando nela, durante muitos anos, como diretor e instrutor dos treinamentos.

Romeu era gerente na área de recursos humanos da Petrobrás. Escreveu pelo menos quatro livros sobre CCQ, T&D — Treinamento e Desenvolvimento, como falam os especialistas da área — e análise de valor. Em dois desses livros, ele se refere a mim, no prefácio, como seu amigo. Coisa que muito me orgulha.

O Romeu foi de uma magnanimidade sem tamanho comigo. Um dia ele me ligou e disse que eu estava designado a ministrar um curso de formação de líderes de CCQ. O curso aconteceria dentro de duas semanas e era para funcionários da Construtora Queiroz Galvão. Eu me apavorei e disse a ele que não tinha nenhum material. Ele me disse para não me preocupar, porque eu usaria o material dele. Ainda tentei argumentar dizendo que não tinha a mínima segurança para conduzir o curso. Mais uma vez ele contra-argumentou, dizendo que a participação dos instrutores seria dividida entre três pessoas: ele, eu e o James, que trabalhava na Westinghouse/Eletromar. Meu último argumento foi que não dominava o assunto. Mais um contra-argumento: eu poderia conduzir os assuntos nos quais me sentisse mais confortável. Não teve jeito. Antes do início do curso, nos reunimos — os três — na casa do Romeu para planejar as participações, e não tive saída. Fui com a cara e a coragem. Deu tudo certo e foi o pontapé inicial para minha carreira de professor.

O Romeu, quando era diretor técnico da AFCCQ, me incentivou a criar um curso que tivesse como objetivo passar conceitos e experiência para supervisores. Ele me deu a liberdade de escolher os tópicos, e esse curso ganhou o nome de "Qualidade para supervisores". Foram mais de 25 edições em cinco anos. Esse curso foi outro fator para me estimular a ministrar aulas.

Mas a grande ajuda que recebi do Romeu, segundo meu ponto de vista, foi quando eu me desliguei da Usimeca em outubro de 1988, e ele, ao saber disso, me indicou ao Otacílio, gerente-geral da fábrica de cosméticos Ebony (atual Embelleze), para atuar como consultor para a área de qualidade, em especial na condução do programa de CCQ.

Romeu é daquelas pessoas que você adota como referência profissional e pessoal e não se esquece nunca mais. Tinha princípios de ética que me impressionavam. Ele conseguia separar de forma absolutamente transparente as suas facetas de funcionário da Petrobrás, diretor da AFCCQ e professor da FGV.

Por indicação ou recomendação dele, comecei a conhecer o Brasil. Ministrei treinamentos em Belém (Pará) na Petrobrás, em Cachoeiro do Itapemirim (Espírito Santo) na Calçados Irapuã e em Dores de Campos (Minas Gerais) na Marluvas.

Para escrever estes comentários sobre o Romeu, procurei encontrá-lo — ou alguém que soubesse dele. Infelizmente, não tive sucesso. Gostaria de ter notícias dele.

Outro amigo da área da qualidade que foi muito importante na minha saída da Usimeca foi o Pedro Augusto. À semelhança do Romeu, o Pedro me indicou para atuar como consultor em uma empresa no bairro do Jacaré, na cidade do Rio de Janeiro. Era uma gráfica, a Henrique Berkovitz Encadernadores, de propriedade do **Moisés** Leão Struchiner e seu filho **João Luiz** Struchiner.

Vale registrar duas histórias com as quais convivi na minha passagem de quase um ano pela Berkovitz.

A empresa ficava na parte superior do bairro do Jacarezinho, e, ao redor, estava a comunidade do Rato Molhado. Uma das políticas de "proteção" que o Moisés adotava era só admitir pessoas da comunidade para trabalhar lá. Com isso, ele conseguia uma certa tranquilidade dentro da empresa. Por exemplo, era terminantemente proibido usar drogas. E se usasse? Era demitido. Para manter essa ordem, a empresa tinha um funcionário mais velho, uma espécie de "xerife", que todos respeitavam.

Mas um dia aconteceu um problema. No final de semana, a gráfica foi invadida e roubaram "o" computador. Foi o maior alvoroço. Aquele era o único computador da empresa. Foi comprado depois de muita insistência do João Luiz junto ao seu pai, o Moisés. O João Luiz se orgulhava da nova aquisição. Um micro IBM-PC, modelo XT, dois drives, um winchester com "absurdos" 30 megas e memória RAM de 512 KB. O Xerife foi acionado e, dois dias depois, trouxe a informação do destino do micro: estava na principal boca de fumo da comunidade, e agora o chefe do tráfico estava modernamente informatizado. O Moisés, com justa indignação, queria chamar a polícia para retomar o computador. Mas foi aconselhado pelo Xerife, com o sensato apoio do filho, a deixar para lá. Mexer com aquela gente poderia trazer dissabores futuros.

Parece que o roubo estimulou a bandidagem a botar as unhas de fora. Um dia apareceu um indivíduo na portaria da empresa e, mostrando ostensivamente uma arma na cintura, fez uma ameaça. Queria receber uma "mesada" em troca de proteção. Caso contrário, o "bicho ia pegar". O funcionário que o atendeu pediu que voltasse outro dia, porque ele precisava conversar com o patrão. O João Luiz foi informado do acontecido e, imediatamente, chamou o Xerife para definir o que fazer. A primeira coisa combinada era que o Moisés não deveria saber da situação devido às suas reações explosivas. Como veremos depois, não foi a melhor decisão deles, pelo menos para a execução dos planos que estabeleceram. E que planos eram esses? Simples. Quando o indivíduo voltasse, quem o atendesse pediria que ele esperasse porque iriam chamar o patrão para conversar com ele, enquanto o Xerife, ao ser avisado da presença do indivíduo, sairia pelos fundos da empresa e iria até a comunidade chamar uns "soldados" para cuidar do indivíduo.

O indivíduo voltou, mas os planos não aconteceram como esperado. Coincidência ou não, quando o indivíduo chegou, de novo portando ostensivamente uma arma, o Moisés estava retornando do almoço. Ele viu a arma e imaginou que estava acontecendo um assalto. Sem ser percebido pelo bandido, voltou para seu carro e acionou um carro da Polícia Militar que ficava estacionado no acesso da rua que chegava até a gráfica.

Pronto. O bandido foi preso sem resistência. A arma estava sem munição.

Hoje fico em dúvida se os tempos mudaram. Parece que os bandidos hoje estão um pouco mais organizados em forma de milícias.

Uma coisa é certa. A violência fez com que a Berkovitz fechasse, e eu garanto que, se fosse hoje, não aceitaria um trabalho em um local como aquele.

AMIGO NÁUFRAGO

É isso mesmo. Eu tenho um amigo náufrago. **Orion** von Sidow Castro. Tudo aconteceu no primeiro dia de dezembro de 2013, um domingo. Orion contou em detalhes a sua aventura em uma mensagem que enviou para os amigos da Escola de Engenharia. Em fevereiro de 2018, fiz contato com o Orion pedindo-lhe que me reenviasse a mensagem, e ele fez o envio com uma ressalva e alguns esclarecimentos.

A ressalva:

Pode usar ao seu bel-prazer, só não se esqueça de me mandar uma cópia do livro autografado.

Cumprirei com a maior alegria.

Esclarecimentos:

A lancha? Foi encontrada por mergulhadores, mas não consegui retirar do fundo do mar. Tive que comprar outra, que um ano depois quase foi a pique quando o meu gerente comercial tentava um resgate de um pescador turista, que estava passando mal em um dos nossos barcos de aluguel. O pescador se recuperou [...], a lancha foi reparada, dei para o meu filho, que está em Itaqui-RS e ainda pesca com ela nos fins de semana. Imediatamente [na ocasião da doação] comprei outra e pesco com ela até hoje, pelo menos uma vez por semana.

Orion faz a introdução do seu relato com a seguinte mensagem:

> Aos colegas e amigos, passo a descrever fielmente os acontecimentos semifunestos, pelos quais fui forçado a passar no primeiro domingo de dezembro de 2013.
> Espero que nenhum de vocês seja obrigado a enfrentar algo parecido.
> Um forte abraço a todos,
> Orion

Vamos ao relato:

> Domingo, 01/12/2013. Resolvi testar o motor auxiliar de 15 HP que tinha acabado de instalar na lancha e fui pescar.
> No canal de saída da barra, encontro o Rogério e sua turma no catamarã, pinchando robalos.
> — E aí, companheiro, virou minhoqueiro? — perguntei.
> — O mar tá virado, não vou sair da barra hoje — ele respondeu.
> — Vou dar um giro por aí. — Fui.
> Saída da barra meio mexida, e pensei: "Vou até as Araras corricar[1]. Se achar as sororocas, melhor; se não achar, volto mais cedo para ver o jogo do Botafogo contra o Coxa, em Curitiba".
> Assim fiz. O mar estava realmente mexido, garoa fina, vento sul moderado, água morna a 22,4 °C. A lancha

---

1. Trata-se das Ilhas das Araras, no município de Imbituba (SC). Corricar é uma "pescaria de anzol que consiste em se lançar a linha enquanto a embarcação desliza pelas águas, fazendo os peixes saltarem atrás da isca, que, em função da velocidade de deslocamento, fica à superfície" (Houaiss).

(ZOA V — uma Shark 19 pés, com um Yamaha de 90 HP mais um Evinrude de 15 HP auxiliar para emergência) navegava bem. Passei a 18 nós pela ilha dos Remédios com suas casas praticamente vazias e, perto das Araras (a 5 km da costa), lancei as 6 linhas na água, ajustei a velocidade para 4 nós e comecei a corricar. Passei pela ponta norte e fui beirando a ilha na direção sul. Nada de sororoca. Naveguei mais uns 1.200 m para o sul, fiz a volta e, ao passar novamente pela ponta sul, pensei:

— É... tá ruim de peixe, e são 10 horas da manhã. Vou dar uma passada na laje norte (a cerca de 400 m na direção norte) e vou para casa tomar aquela cerveja.

Ao me aproximar da laje, com a proa para o nordeste, não percebi sinais de onda quebrando nem espuma. Me distraí e estava muuuuito perto. Uma onda cresceu, quebrou e passou por cima da lancha. Me encheu com uns 300 litros de água. Acelerei o que pude e virei para sudeste. A resposta do motor foi imediata, mas a lancha estava pesada e não respondeu. A segunda onda me pegou por bombordo e virou a lancha de ponta-cabeça, comigo sentado entre o casco e o toldo. Aos meus pés, o balde com as iscas artificiais jogou uma boa parte delas nas minhas pernas e braços. Umas cinco grudaram na calça na altura do tornozelo, e outras tantas na camisa, no pulso. Uma garateia cravou fundo na carne da perna, e outra na carne do pulso.

Com pernas e braços grudados, de cabeça pra baixo e meio sem saber onde estava, procurei por onde sair. A primeira tentativa não deu certo, não entendi bem por quê. Tentei respirar, mas tive que desistir da ideia. Afinal de contas, eu estava embaixo d'água, apenas a ficha ainda não tinha caído. Prendi o pouco de ar que ficou nos pulmões e resisti à tentação de respirar. Na segunda tentativa segui em direção à claridade, ou seja, para o céu. Deu certo!

Quando cheguei à superfície, o coração batendo a 250 bpm, puxei todo o ar que pude. Com as ondas na cara, só vi a proa da lancha continuar a sua descida para o fundo do mar. Apesar de estar embaixo de 1,025 bar de pressão atmosférica, o ar insistia em faltar nos meus pulmões. Foi a última vez que vi a Shark 19 com o Yamaha 90, Evinrude 15, GPS, Sonar, rádio de comunicação UHF, varas, carretilhas Penn, iscas Rapalas, Yo-Zuris, telefone celular, óculos de grau etc.

Ainda com o coração a 250 bpm, iniciei a minha peregrinação e nadei até a escarpa da ilha das Araras. Custei para encontrar um ponto de subida onde me ralasse o mínimo possível, aguardei uma onda favorável e montei na pedra. Nessa altura, o coração já havia baixado para 120 bpm e o ar já entrava mais fácil nos pulmões. Com o meu inseparável canivete, que sobreviveu ao naufrágio, clipado no bolso da calça, comecei a cortar o tecido da calça e da camisa para me ver livre das Rapalas e Yo-Zuris. As garateias na carne foram mais ardidas. Tive que soltá-las das argolas das iscas e arrancá-las da carne na marra, usando uma isca sem garateias como suporte. Doeeeeu.

Pois bem, tô molhado, com frio, mas tô vivo. É só esperar que algum maluco num domingo chuvoso, ventando e com mar ruim, apareça para me resgatar.

São 10h38 da manhã. Só me resta esperar.

Sempre digo à minha esposa que, se eu não retornar até as 14 horas das pescarias, ela pode ficar preocupada e, se derem 15 horas e eu não aparecer sem avisar por rádio ou celular, pode ficar apavorada porque algo aconteceu. Agora não tem jeito. Vou esperar.

Estava em uma pedra quase plana, situada a 1,5 m de altura do mar com uns 25 m² de área, onde as ondas ainda molhavam meus pés de quando em quando. Na minha frente, o mar. Nas costas, um costado de pedra quase vertical, coberto por uma vegetação rasteira. À direita e à esquerda, pedra escarpada.

Resumindo, posso ficar, mas não dá para dormir aqui. Vez por outra passavam barcos a distância. Eu me sentia um verdadeiro palhaço acenando com a camisa para todos os que via, e ninguém retribuía os meus acenos.

— Ô, turma lerda!

12 horas, 13 horas, 14 horas. Nada.

Já estava exausto de balançar a camisa para tudo que parecesse um barco a distância. Pensei comigo:

— Se até as 15 horas não for visto, vou nadando até as casas da ilha dos Remédios. São quase 2 km, mas pode ser que tenha alguém, ou no máximo entro em alguma casa para me aquecer e aguardar o resgate. Ficar aqui com chuva, vento, frio e água nos pés, nem pensar. Tem umas bandeirolas de sinalização de rede de pesca a 100 m daqui. Corto uma delas (o dono da rede que me perdoe), e quem sabe ela me ajuda a nadar e sinalizar, caso alguma embarcação se aproxime o bastante.

— 15 horas. Vou para a ilha dos Remédios — pensei.
— Estimo em uma hora de nado, então chego antes de anoitecer.

Me preparei mentalmente e tchibuuum! Mergulhei da pedra e nadei até a rede mais próxima. Com o inseparável canivete, cortei a bandeirola. Nesse momento notei que o catamarã do Rogério estava passando a uns 300 m, navegando tampado a 15 nós na direção da laje onde eu naufraguei. Acenei a bandeirola o mais alto que pude.

Só não gritei porque sabia que o barulho do motor dele abafaria os meus lamentos. Rogério passou batido, não fui avistado. Depois, refletindo sobre o episódio, concluí que foi muito bom não ter sido visto. Gozadores que são, ele e a sua turma, eu iria ser enxovalhado o resto da minha existência. Orion, o náufrago, ou o gaúcho flutuante (ele cismou que eu sou gaúcho), e sabe Deus o que mais de gozação. Tô fud@#@&ido.

— 15 horas e 56 minutos. Cheguei à ponta norte da ilha, como havia pensado. Era só ultrapassar o canal entre a ponta e a laje dos Remédios e chegar ao espraiado das casas. Como o canal é mais raso, a uns 6 m de profundidade, a onda cresce. Nesse dia, elas estavam a quase 2 m de altura sem quebrar. A cada onda eu avançava uns 3 m, mas, no recuo, a corrente me trazia de volta 2,95 m. Com essa eu não contava!

Tive que acelerar as braçadas e pernadas e levei mais de 30 minutos para passar pelo canal. Mais 15 minutos de nado mais fácil, e os céus finalmente sorriram para mim.

Um barco apoitado! (O Sea Wolf). Se o proprietário não resolveu nadar os 3 km até a costa, estaria por perto. Se resolveu nadar, posso pegar o barco emprestado e ir até a costa.

O proprietário estava lá. João Melo e a esposa se esmeravam na reforma da sua casa na ilha. Domingo, chuva fina, vento sul, às 17 horas, a sua esposa me avistou com cara de surpresa. O João ficou me olhando como se eu fosse um marciano. Ansioso que estava, não encontrei a praia, subi em uma pedra na margem da ilha com a calça dificultando o movimento. O João, chegando perto e estendendo a mão para me apoiar, perguntou:

— Está tudo bem contigo?

— Mais ou menos — respondi e contei sobre o naufrágio.

17 horas. Fomos até a varanda da casa dele, e a esposa me forneceu uma toalha e uma jaqueta. O João me perguntou novamente:

— Quer beber uma água?
— Não, obrigado, tudo bem.
— Uma cerveja?
— Ôôô!!! (Pela entonação, esse ôôô queria dizer siiiiiim.)

Ela me ofereceu uma latinha gelada. Enquanto bebia com a vontade de um náufrago (ops!!!), não parava de tremer de frio.

— Você tem um telefone? — perguntei.
— Claro, ligamos para quem?
— Para qualquer conhecido seu perto do condomínio Porto Rico (onde fica a empresa de pesca Marazul do seu Roberto, fundador do condomínio onde fica o meu barraco).
— Serve o seu Edmundo?
— Perfeito.

Seu Edmundo, que mora ao lado da rampa de acesso das embarcações no nosso condomínio, atendeu a ligação e passou para minha mulher que, preocupada, me aguardava na rampa.

Ela perguntou:

— O que houve? Já acionamos a Marinha, helicóptero.
— Fui a pique nas Araras — respondi. — Cancele o resgate, estou nos Remédios e já chego em casa.

Pouco depois, me liga o seu Roberto:

— O que houve? — Repeti o que disse à minha esposa. — Vou mandar o Mequetref para você ver se acha a lancha na laje. (O Mequetref é um barco grande para pesca turística em 12 pescadores mais tripulantes.)

— Pô, seu Roberto, tô com frio. Pede à minha mulher para mandar roupa seca.

— Combinado.

Quando o João Melo comigo e sua esposa estávamos saindo dos Remédios, na Sea Wolf, chega o Mequetref. Embarquei, e estavam o Miro, o Serginho e o Maciel.

— E aí, mano velho, o que houve? — pergunta o Serginho. Repeti.

Demos uma volta na laje e não encontramos nada. Fomos para casa. Chegando lá, sentei à mesa com minha mulher e, antes de almoçar, desceram na sequência 600 ml de uma Brown Ale, 600 ml de uma Stout, mais 600 ml de uma Bock, cada uma mais saborosa do que a outra. A Stout foi a última da leva. Estava simplesmente divina. Somente depois dessa performance etílica, tive forças para almoçar, tomar banho e dormir. De madrugada, voltei pra Curitiba. No dia seguinte e nos outros subsequentes, alguns mergulhadores, o Mequetref, a lancha do meu amigo e vizinho Neni, todos tentaram brava e gentilmente localizar a lancha, e nada. Alguns equipamentos, colete, remo foram achados por pescadores boiando à deriva. Nada de importante que desse uma pista onde a Zoa V poderia estar.

Na segunda-feira, já em Curitiba, acordo com o corpo todo doído, uma dorzinha insistente no peito me fez procurar o hospital. Pronto, fui parar na UTI!

Pergunta daqui, vai para ali, volta para cá, cheguei ao pronto-atendimento cardiológico do Hospital Vita. Depois de alguns exames, o médico da emergência disse para a enfermeira ao meu lado:

— Pressão normal, ecocardiograma normal, temperatura um pouquinho alta. Dê um anti-inflamatório na veia. Coleta de sangue de três em três horas, vamos ver as enzimas e, se der positivo, UTI nele. Cateterismo amanhã, no final da manhã.

A dorzinha passou com o anti-inflamatório, mas a fdp da enzima dos infartantes deu acima do normal.

UTI. Apesar de todo arranhado e dolorido, se fartaram de me furar. Lá pelas tantas, de saco cheio, ouvi a médica dizer para a enfermeira:

— Os exames do seu Orion estão bastante alterados; vamos priorizar o cateterismo para o princípio da manhã. O Carlos está mais estável. Pode esperar.

Apesar de não sentir mais nada, me preocupei.

Dia seguinte (terça-feira): Cateterismo... zerado. Coronária torta, mas aberta... Menos mau.

Fui para o ecocardiograma. Normal.

— Vais ficar em observação por uns dois dias — me disse o médico.

— Pô, doutor, não sinto nada. Me leva para o quarto particular. O meu plano permite.

— Não tem vaga. Vamos ver se amanhã é possível. Enfermeira! Soro nele.

— Tô cum fome, dotô.

— Enfermeira. Pede o menu hipossódico para ele.

Que mer.@@da esse hipossódico! Ô comidinha ruim!

Dia seguinte (quarta-feira), uma médica retirando o soro me disse:

— O senhor está de alta. Pode ir.

— Já? Que sorte. Alguma restrição na alimentação? Esforço físico?

— Não, mas entregue esses exames ao seu cardiologista.

Fui para casa.

Na quinta, estava em Piraí, trabalhando. De quando em quando, ainda encontro um espinho de ouriço em alguma extremidade de mãos e pés.

Aos 67, quase perco todos os meus amigos de uma só vez. Dei mais sorte que azar:
- Naufraguei por pura imprudência — azar
- A água estava quente — sorte
- Estava sozinho — sorte (muitos companheiros de pesca não nadam bem)
- O Botafogo perdeu — azar
- Tô vivo — sorte, muita sorte!
- 40 anos de praia — sorte
- Boa forma física — sorte

Muitos a quem contei a história perguntam sistematicamente:

— Você estava sozinho?

— Por pura sorte — respondo.

Após a cara de bunda do amigo questionador, explico:

— Quase todos os meus companheiros de pesca não nadam igual a mim. Alguém teria ficado.

— Você estava de colete?

— Não, e não me arrependo. O colete ajuda a flutuar, mas atrapalha a natação. Eu sou como bosta. Não afundo fácil.

Apesar de não ser muito religioso, tenho por obrigação agradecer a Deus e a todos que Ele colocou no meu caminho e contribuíram para o final feliz desta aventura.

VALIDADE DE AMIGO

É isso mesmo. Amigo tem prazo de validade. Às vezes eu me pergunto: por que não falo há tanto tempo com um ou outro amigo? Ou por que não aguento mais as conversas daquele outro?

É porque a validade dele está vencida.

Em um livro chamado *A garota do lago*, um dos personagens tenta explicar o que faz quatro estudantes, incluindo ele, serem amigos. Diz ele: "Gostamos uns dos outros, nos damos bem, temos coisas em comum".

O José Carlos **Abrahão**, amigo da Escola de Engenharia, me enviou uma mensagem onde procura definir "amigo". Diz ele: "É um grupo de pessoas, cheias de defeitos, que Deus reúne para que convivam com as diferenças e desenvolvam a benevolência, a caridade, a gratidão, a paciência, o perdão, o respeito e a tolerância".

Juntando essas duas definições, podemos verificar que amigos precisam:

- ter coisas em comum — da primeira definição;
- conviver com diferenças e desenvolver uma série de qualidades.

A existência de algo em comum entre as pessoas é que faz surgir os sinais de amizade. Com a habilidade de fazer superar as diferenças, aí, sim, surgem os amigos.

Com o passar do tempo, ocorrem mudanças na situação e a amizade se vai. Mas continuamos considerando que aquela pessoa é nossa amiga. Não, já foi, não é mais.

Me lembro do tempo em que trabalhei na Usimeca, em Nova Iguaçu. Eu tinha um colega, o Hélter, que morava em Nilópolis e que eu considerava meu amigo. Que fatores existiam para considerá-lo amigo? Em primeiro lugar, tínhamos filhos pequenos com idades idênticas. Segundo, no trabalho, nos identificávamos pela nossa idade e por termos a possibilidade de formar um feudo para discussão da política interna da empresa.

Almoçávamos todos os dias juntos. Era a grande oportunidade de colocar o papo em dia.

Cheguei a participar de festas de aniversário do filho dele, indo com minha mulher e meus filhos, lá em Nilópolis.

O grande elo da nossa amizade era o emprego. Eu saí da empresa, e a nossa amizade acabou.

Dezenas de outros exemplos poderiam ser citados, com relação a amigos de colégio, escola, clube, sala de aula e, até mesmo, parentes.

Outro fator muito importante para testar a validade da amizade são aquelas qualidades da definição do Abrahão que com o passar da idade se exacerbam. Hoje não sou tão benevolente com meus amigos como há 30 ou 40 anos. Muito menos paciente e tolerante.

Portanto, como queria demonstrar, amizade tem validade.

AMIGO "SEMPRE PRESENTE"

Este tipo de amigo é aquele que pode ser encontrado em vários momentos de sua vida. É o contraponto da validade de amigo, já explicado aqui. Ou talvez seja um amigo com validade bem mais longa em função da contínua existência dos fatores que caracterizam sua duração. Como tenho feito na descrição dos tipos de amigo, vou aqui também apresentar um exemplo.

Em janeiro de 1969, eu me casei no civil com a **Júlia**, mãe dos meus filhos **Daniela** e **Leonardo**. Se formos olhar as fotos que foram tiradas naquele calorento dia de verão de janeiro, vamos encontrar ao fundo de uma delas um cara com uma camisa de listras brancas e vermelhas, totalmente empapada pelo suor que fazia naquele dia. Aliás, um comentário que me lembro de ter ouvido de um dos funcionários do cartório foi: "Por que alguém marca casamento em um cartório e convida mais de cinquenta pessoas?". Só para se fazer uma ideia, o casamento foi marcado para as 11h e, no mesmo cartório e horário, aconteciam mais uns cinco casamentos, como costuma acontecer nos cartórios.

Mas quem era aquela pessoa da camisa vermelha listrada? O **Marco Antônio** Chaves Delgado.

Pois bem, passados três anos, estávamos morando em Milão e, em um friorento domingo de março de 1972, saímos para ir ao cinema que ficava próximo de onde morávamos. Estávamos caminhando pela rua Elba, quando cruzamos com uma figura que nos pareceu conhecida; e quem era? Ele, Marco Antônio. A pergunta foi inevitável: "O que você está fazendo aqui?". E a resposta era mais do que óbvia: "Vim visitar vocês". É claro que o cinema foi suspenso e voltamos para casa para conversar e saber como o cara aparece assim, sem mais nem menos.

Para nos situarmos: naquela época, a forma de se comunicar era por meio de cartas e telegramas. Não tínhamos telefone em casa. Era um luxo. Nas raríssimas vezes que telefonamos para o Brasil, o fizemos indo até a companhia telefônica e pedindo a ligação. O tempo de espera para completar a ligação era de mais de duas horas. O custo da ligação era muito alto para o padrão de um bolsista. Não existia orelhão (em italiano, deveria ser "orecchione"). Nem fax. Celular, nem pensar. Essa explicação serve para que possamos entender a visita de surpresa do Marco Antônio. Ele, de fato, tentou nos avisar, é claro, usando o meio "normal": mandou uma carta de Roma, primeira cidade por onde passou, uma semana antes de nos visitar. Mas os correios não eram tão velozes. A referida carta chegou alguns dias depois da visita do Marco.

Vida que segue, filhos tomando o nosso tempo e um natural afastamento.

Mas aquele fator que une os amigos — alguma coisa em comum — fez com que voltássemos a nos encontrar. No caso, foram as reuniões dos colegas da Escola Nacional de Engenharia (ENE) que começaram a se amiudar e nos aproximar. Festa de 20 anos de formados. Depois, 30 e 40 anos.

Aí acontece meu segundo casamento, com a Stella. Em fevereiro de 2008. Foi a grande oportunidade para nós — eu e Stella — curtirmos nossos amigos. Eu já estava com 63 anos.

Então, resolvemos que cada um de nós teria um casal de padrinhos que representasse um momento de nossas vidas. Foram oito casais de cada noivo. E quem escolhi para ser meu padrinho representando a ENE? Ele, Marco Antônio. Estava ele lá, grudado.

Em 2018, ao completarmos dez anos de casados, comemorados em Miguel Pereira, fizemos questão de convidar todos os padrinhos do nosso casamento. Compareceram em massa. E, evidentemente, Marco Antônio estava lá com a sua inseparável "escudeira" Valéria.

Esse é o melhor exemplo que tenho de amigo "sempre presente".

COLÉGIO SOUZA AGUIAR
—

Fiz meu estudo secundário — ginásio e científico — no Colégio Souza Aguiar. Em 1957, quando lá entrei, era Colégio Municipal, pois era ligado à prefeitura do Distrito Federal. Isso mesmo. Para quem não se lembra, a cidade do Rio de Janeiro já foi capital do Brasil. Quando saí, em 1963, era Colégio Estadual, como até hoje, porque quando a capital foi transferida para Brasília, em 1960, o Distrito Federal se transformou no estado da Guanabara.

CHICO, MENESCAL, PEDRINHA OU CHINA?
Dependia do ambiente. Entre seus amigos do Souza Aguiar, era **Chico**. Menescal ou Pedrinha era mais formal. E China era como ele era conhecido no Tijuca Tênis Clube, onde jogava tênis. Seu nome completo e oficial era Francisco Antônio Menescal Pedrinha.

Do Chico, existem dois causos dignos de nota. Lá vai o primeiro.

Corria o ano de 1961, estávamos no primeiro ano científico e estudávamos no turno da tarde. A coordenadora do colégio era a dona Daphne.

Ao final do dia, invariavelmente, a menos que estivesse chovendo, ocorria a solenidade de baixar a bandeira brasileira. Nessa cerimônia estavam presentes todos os alunos. Como as turmas eram mistas, os meninos formavam uma fila à esquerda e as meninas à direita do pátio da antiga escola.

Abro parênteses para esclarecer que na antiga escola, que ficava na avenida Gomes Freire, as salas de aula estavam alinhadas em frente umas das outras, como se fosse uma vila de casas. Por que essa disposição? Conta a lenda que as salas de aula foram, na época do Império, estábulos e as salas de aula eram as baias dos cavalos. Separando as salas havia uma "rua", inclusive calçada de paralelepípedos. Fecho os parênteses.

Pois bem, era nessa "rua" que nós ficávamos formados, em fila indiana, meninos de um lado e meninas de outro, para baixar a bandeira. A dona Daphne (era assim que nós a tratávamos, apesar de ela ser professora) coordenava a atividade e escolhia o hino "do dia". Podia ser o da Independência, da Proclamação da República ou o da Bandeira. Ninguém sabe o critério que ela adotava para a escolha do hino. Talvez nem ela mesma. Não me lembro se, alguma vez, tenha sido escolhido o Hino Nacional. Talvez a explicação da sua exclusão esteja na história que se segue.

Dona Daphne escolhia um aluno e uma aluna para baixarem solenemente a bandeira e enrolá-la cuidadosa e respeitosamente.

O Chico era figurinha "carimbada", e dona Daphne sabia disso. O que significa "carimbada"? Ele era um zoneiro, se vocês me entendem. Sempre era escolhido para ser aquele aluno que iria participar da solenidade como guardião da bandeira para, com isso, deixar em paz os colegas que estavam formados para cantar o hino do dia.

Só que dona Daphne não sabia (ou fingia não saber) que ele lá na frente era uma solução muito pior.

Dona Daphne ficava olhando para os alunos que estavam formados e cobrando que todos cantassem de forma respeitosa. Esse era o problema. Para cobrar da gente, ela tinha que dar as costas para a bandeira e para os dois alunos que tinham a função de baixar e enrolar a bandeira. Aí morava o perigo. O Chico, enquanto nós cantávamos em posição de sentido, dançava no embalo da música. Fazia mímicas. Interpretava teatralmente as letras dos hinos. Consequência: começávamos a rir, e era o suficiente para tomarmos a maior bronca da dona Daphne. Até fingir que se enxugava com a bandeira, como se fosse uma toalha, ele fazia.

O segundo causo, conforme batizou o **Antônio Ivo** Menezes Medina, é com o Chico "Terrorista". Entre aspas.

Para nos situarmos no tempo, corria o ano de 1962, estávamos no segundo ano científico e no turno da noite. Os colégios estaduais, a partir desse ano, não tinham mais científico diurno, só noturno. As aulas eram de 50 minutos, e entre uma e outra tinha um intervalo de cerca de dez minutos. O ponto de reunião no intervalo era o banheiro. Ali era território livre, e aqueles que fumavam — e não eram poucos — se refugiavam lá no intervalo. Normalmente, o Chico era um dos últimos a sair, pois queria fumar o seu cigarrinho até o fim.

Em um dia daquele ano, estávamos no banheiro, no intervalo, jogando conversa fora e fumando quando, antes mesmo de o sinal tocar — o que indicava o final do intervalo —, o Chico nos chamou para retornarmos para a sala de aula. E de forma veemente. Na hora, não demos muita atenção ao que aconteceu. Voltamos para a sala. A aula era do prof. José Luiz, mais conhecido como "Cota Nula", por ser verticalmente prejudicado — o chamado baixinho. Com menos de cinco minutos de aula ocorreu uma forte explosão, vinda do banheiro. Foi aí que nos demos conta da chamada veemente do Chico para o retorno à sala de aula. Olhei para o Antônio Ivo, este olhou para o **Hélio Canejo** da Silva Cunha e todos para o Chico. Foi fácil identificar o "Terrorista". As aulas foram suspensas naquele dia, pois ninguém mais tinha tranquilidade para assistir às aulas.

Evidentemente, no dia seguinte demos uma prensa no Chico para saber qual o artefato tinha sido usado. Foi simples. Ele pegou um cigarro aceso e colocou uma bomba que chamávamos de "cabeça de nego", hoje conhecida como "malvina", na extremidade oposta da brasa. O cigarro serviu de extensão do pavio da bomba. Daí a preocupação dele em "evacuar" o banheiro, pois ele não sabia o tempo que levaria para a bomba explodir. Essa geringonça toda, ele colocou atrás de um vaso sanitário. A potência da explosão foi de tal ordem que o vaso quebrou.

O nosso querido Chico tinha uma atividade, fora do colégio, que ele levava muito a sério. Ele jogava tênis defendendo o Tijuca Tênis Clube e foi por diversas vezes campeão carioca na categoria dele. Por essa atividade esportiva ele acabava sendo muito conhecido, popular e requisitado pelas meninas.

O Chico se formou em medicina, era funcionário do Banco do Brasil e faleceu em 2006.

PROFESSORES DO SOUZA AGUIAR

A responsabilidade dos professores do ensino básico é enorme. Na infância e no início da juventude, esses profissionais são responsáveis pela formação do caráter de futuros cidadãos. Aqui vai minha homenagem a alguns dos professores do Souza Aguiar que marcaram a minha vida e a de muitos amigos. E que até hoje considero meus primeiros gurus.

Professor **Paulo Rónai,** *professor de latim e francês* — Lá pelos idos de 1958, no final do ano, um colega de turma, o **Elder** Melo de Matos, ofereceu um presente ao professor e este de forma muito educada recusou e fez um discurso sobre a importância das amizades que iríamos formar ali na turma e levar para o resto da vida. Lição número um: não aceitar um presente que poderia parecer um suborno. Lição número dois: as amizades feitas sem outro interesse, a não ser pela própria amizade, são duradouras. E os amigos de nossas vidas seriam aqueles colegas do colégio. Até hoje, passados mais de 60 anos, ainda nos reunimos para jogar conversa fora. Estão aí para confirmar os amigos daquela época: Antônio Ivo, **Laércio**, José **Ramon** Varela Blanco, **Luciano** Gnone Filho, **Reginaldo** Gomes Garcia dos Reis, **Luiz Alberto** Wanderley, João Paulo Arteiro **Marzano**.

Ainda sobre o professor Paulo Rónai: era severo, mas carinhoso e com enorme capacidade pedagógica. Foi dele o estímulo para que eu e outros colegas nos iniciássemos na filatelia. O sistema de troca dele era 1 por 5. Isto é, para cada selo que trouxéssemos, ele nos dava cinco. E o nosso selo poderia ser qualquer um. O interesse dele era nos estimular a colecionar selos. A minha coleção existe até hoje.

Ao entrar no Google com o nome do professor e ler alguns tópicos ali encontrados, me emocionei e me dei conta de que convivi com uma das mais brilhantes cabeças deste país.

Professor Orlando **Valverde** — Só hoje me dou conta da importância do professor Valverde. Não agendava o dia da prova. A prova podia ser em qualquer dia e era do tipo prova relâmpago. Ele entrava na sala de aula e dizia, com cara de mau humor:

— Arranquem uma página do seu caderno, coloquem seu nome na parte de cima.

"Pronto, é hoje!", pensávamos. A regra era a seguinte: dez perguntas e um minuto para cada resposta. Ao final da décima pergunta, o último aluno de cada fila se levantava e vinha recolhendo as folhas de prova dos colegas. E ai daquele que não entregasse. A ordem era deixá-lo para trás. E tome zero. Mas ninguém ousava.

Passados 40 anos, vim a dar aulas na Fundação Getúlio Vargas (FGV) e adotei a técnica da prova relâmpago do professor Valverde.

Quem quiser ver o professor Valverde "ao vivo", vá ao YouTube, nos *links* a seguir, onde ele proferiu, no Paço Imperial, Rio de Janeiro, em 1989, uma palestra sobre o Pantanal.

Curioso o comentário de uma internauta que viu a palestra no YouTube, que vale reproduzir:

Após descobrir por que não havia recebido meu IPTU, pois a prefeitura do Rio de Janeiro substituiu o nome da estrada onde fica meu sítio sem atualizar o CEP junto aos Correios, agora me orgulho em saber que foi rebatizada como avenida Orlando Valverde. Recorri ao YouTube para saber quem era esse personagem. Homenagem justa! Celinês Riera

Links:
- Primeira parte: https://www.youtube.com/watch?v=hf6oz0XhfPY.
- Segunda parte: https://www.youtube.com/watch?v=FJWl_MkXr4w.

Emocionante! E muito atual!

Professor **Almir** *Peixoto* — Graças ao professor Almir, aprendi a escrever. Fui seu aluno nos primeiros anos do então ginásio. Eram três aulas dele por semana. Em uma, tínhamos aulas práticas de redação. Na primeira aula do ano ele nos apresentava um tema, e no decorrer de todas as aulas era escolhido um aluno para ir ao quadro e escrever parte da sua redação, que era discutida e corrigida. Não me esqueço de um tema passado por ele: "Apressa-te devagar". Passados mais de 60 anos, me lembro de fragmentos da minha redação, que abordava a necessidade de alguém chegar a algum lugar, com certa urgência, dirigindo à noite com muita chuva caindo.

Quatro anos depois das aulas de redação do professor Almir, eu fui trabalhar como revisor da revista *O Cruzeiro*, onde descobri quão importantes foram as suas aulas.

Outra das três aulas da semana era prática de uso de dicionário. Isso mesmo. Éramos obrigados a levar um dicionário. Com base em um determinado texto, uma palavra definida pelo professor precisava ser esmiuçada. Era hora de recorrer ao dicionário.

Detalhe: quem não levasse o dicionário, tomava um zero. Na minha casa tinha o *Grande e novíssimo dicionário da língua portuguesa*, de Laudelino Freire. Eram cinco volumes (aliás, na lombada estava escrito "tomo", e não "volume"), e cada um pesava cerca de três quilogramas. O primeiro era da letra A. O segundo, de B a D. O terceiro, E a I. O quarto, J a P e o quinto, Q a Z. Não dava para levar todos os volumes. Eu tinha que escolher um para levar, o que já era muito peso, e não tomar o zero. Adotei a estratégia de levar aqueles que contemplavam as vogais (por favor, não me perguntem por quê). Então uma semana era o primeiro, na outra o terceiro, e assim por diante. Quando a palavra escolhida não estava no exemplar que eu tinha levado, eu ficava quietinho no meu canto. Evidentemente que o professor Almir sacava, mas imagino que, com a sua grande sapiência, fingia não ver.

Gostaria muito de saber um pouco da história do professor Almir, como fiz com os professores Paulo Rónai e Valverde. Mas o Google não ajudou.

A COLEGA LEILA DINIZ

A atriz **Leila** Diniz foi minha contemporânea no Colégio Souza Aguiar. Ela convivia conosco de certa forma reservada e, por que não dizer?, tímida. Mas existem diversos registros e informações sobre a sua vida, e aqui eu vou contar outra história. A história da colaboração que dei para o livro que tem o seu nome, da série Perfis Brasileiros, escrito pelo jornalista **Joaquim** Ferreira dos Santos e publicado em 2008.

A história começa com a **Lídice** Meireles Picolin me telefonando e perguntando se eu concordaria em conversar com o Joaquim sobre a Leila. Ele estava escrevendo o livro e gostaria de saber coisas da nossa convivência. Eu dei o "sim" e fui, então, contatado pelo Joaquim.

Houve uma troca de mensagens por e-mail, e então o informei que eu talvez tivesse algum material que poderia ser útil na sua empreitada. Procurei no meio da minha bagunça, e aí veio a minha primeira frustração. Não encontrei, como esperava, no meio das minhas fotos da época do colégio, nenhuma em que a Leila aparecesse. E houve pelo menos um passeio — uma excursão a Teresópolis — em que ela foi e no qual eu tirei um monte de fotos.

Continuei procurando nas minhas coisas. A Leila tinha participado do grupo de teatro amador do colégio, Os Pirilampos. Achei o programa de uma peça encenada pelo grupo — *Bilbao, via Copacabana*, de autoria do Vianinha (Oduvaldo Vianna Filho, dramaturgo) —, mas a Leila não tinha participado dessa encenação. Ela participara da montagem de *Memórias de um sargento de milícias*. Segunda frustração: nada encontrei.

Já meio sem graça por não ter nada a oferecer como contribuição para o futuro livro do Joaquim, contatei-o para lhe passar as (más) novidades. Mas como bom jornalista, escritor e, principalmente, repórter, ele não se deu por satisfeito. Fez-me algumas perguntas que serviram, de alguma forma, como contribuição para o livro. Uma delas foi sobre o comportamento da Leila no colégio. Respondi-lhe que ela era bastante discreta, se comparado com a estrela que se tornou pouco tempo depois.

Associado a essa pergunta, ele quis saber também como era o ambiente naquela época. E registrou no livro:

A garota mais evidentemente bonita da escola era **Vera** *Vanique, igualzinha na época à sua filha, Glória Vanique,*

que mais tarde viria a ser repórter de vídeo da Rede Globo em São Paulo.

Quando o livro foi publicado, eu enviei para a Vera um fac-símile do trecho com aquela citação. A Vera ficou indignada e quis saber quem passou essa informação para o autor. Quando lhe disse que fui eu, cortou os contatos que mantínhamos por e-mail. Aquilo que me parecia um elogio — ser a mais bonita da escola — soou como uma ofensa. Vida que segue!

PACAEMBU

Até o ano de 1960, no colégio, havia divisão de turnos por gênero. Meninos estudavam de manhã e meninas, à tarde.

No ano de 1961, houve uma alteração. As turmas passaram a ser mistas. Eu estava entrando no então primeiro ano científico. Eu tinha 16 anos, e meus e minhas colegas também estavam nessa faixa de idade. Era a maior festa. Todo mundo querendo namorar todo mundo, mas a inibição e a ingenuidade dominavam as relações.

Era natural que alguns professores recebessem uma atenção maior das meninas porque vinham, em alguns casos, em convivência diária de mais de quatro anos. De certa forma, aquilo incomodava aos meninos recém-chegados. Um desses professores era o **Maurício** Houaiss. Ele era professor de matemática e irmão do Antônio Houaiss, o filólogo. Nós, os meninos, tínhamos um certo ciúme daquela atenção especial que o professor Maurício recebia. A primeira providência foi inventar um apelido para ele. Não sei quem deu, mas o tiro foi na mosca: Pacaembu. O professor Maurício era careca, e o cabelo nas laterais da cabeça eram relativamente crescidos. O próprio Pacaembu: só tem gramado dos lados. Evidentemente que ninguém tinha coragem de falar do apelido na frente dele.

Até que um dia o Maurício comentou na sala de aula que estava criando, com outros professores, um curso de preparação para o vestibular. Ele disse que ainda não tinha nome e estava aceitando sugestões. Foi quando, do fundo da sala, uma voz pronunciou em voz altíssima: "PACAEMBU!". **João Rodolfo** do Prado foi o autor de tamanha ousadia. A turma toda, inclusive as meninas, caiu em prolongada gargalhada. O professor ficou com cara de paisagem, sem entender nada. Mesmo depois que os risos pararam, ficou aquele burburinho, não permitindo a continuação da aula. Com a sua já larga experiência de magistério, Maurício entendeu que tinha alguma coisa estranha acontecendo. De forma bastante irritada, deu por encerrada a aula e ordenou que as meninas saíssem da sala. Fechou as portas da sala e começou a dar o maior esculacho nos meninos:

— Vocês estão pensando que são o quê? Estão querendo aparecer? — E daí para pior.

Nesse momento, quem ficou com cara de paisagem fomos nós, os meninos. E veio, inevitavelmente, a pergunta que todos estavam temendo:

— Por que a risada com o nome do curso, Pacaembu?

Silêncio sepulcral. Na sua estratégia de ataque, o professor Maurício se virou para o João Rodolfo, autor da gracinha, e voltou a perguntar:

— Por que a sua sugestão de Pacaembu?

Todos arregalaram os olhos, apavorados com o destino do João Rodolfo e, por que não?, o nosso também. Foi quando pude presenciar uma das maiores "presenças de espírito" que já vi na minha vida. O João Rodolfo respirou fundo e começou a sua explicação:

— Professor, todos nós sabemos que o senhor torce para o Fluminense. E todas as vezes que o seu time vai a São Paulo jogar no Pacaembu, perde. Daí a minha sugestão.

Os meninos se seguraram para não rir de novo e complicar ainda mais a situação. Nós fomos dispensados. Até hoje tenho minhas dúvidas se o professor aceitou a explicação. Pelo menos ele deu a enquadrada naquela molecada.

ESCOLA NACIONAL DE ENGENHARIA (ENE)
—

Passar cinco anos juntos, com os mesmos objetivos profissionais, transformando-nos de fato em adultos, permitiu uma vivência enriquecedora tanto profissional quanto pessoal.

Talvez influenciado pelo professor Paulo Rónai, quando ele disse que "... os amigos de nossas vidas seriam aqueles colegas do colégio...", ao terminar o segundo grau, com 18 anos, eu tive uma sensação estranha, achando que perdia os meus amigos e nunca mais teria outros.

Mas foi na ENE que encontrei muitos amigos com quem me relaciono até hoje.

ADELINO, UM CAPÍTULO À PARTE
Em 20 de março de 2013, **Adelino** Knust Neto nos deixou. As suas histórias são tantas que merecem um capítulo à parte. Eu fui informado da sua morte pelos colegas Marco Antônio e Paulo Sérgio de Carvalho **Padilha**, por meio de uma mensagem. Minha resposta foi a que se segue:

> Lá se vão quase 50 anos. Tem gente que até hoje está esperando a sua apostila com os bizus de resistência dos materiais. Mas esse Adelino ficou no folclore da nossa turma.
>
> Eu gostaria de falar — como última homenagem — daquele Adelino que encontrávamos nas nossas reuniões mensais, onde se bebe (muito) chope (serve cerveja tam-

bém) e se combina (muito pouco) sobre a reunião maior do fim de ano.

Quem teve a oportunidade de estar junto com o Adelino, como eu, nas reuniões mensais, se divertiu muito com as suas histórias. Mas o que mais me impressionava era o seu bom humor para levar a doença. Essa desgraçada doença. Infelizmente, a vida não é eterna, e quase sempre essa desgraçada doença vence.

A minha vida ficou muito melhor depois das rodadas junto com o Adelino. Gostaria de ter a força que ele teve para enfrentar a sua longa briga contra o câncer.

Saudades, amigo!

No velório do Adelino foi distribuído um folheto que tinha por título "Pérolas do CAMPEÃO", apresentando máximas da sua verve. Algumas: "Cachorro afobado é comida de onça"; "Comida só fria e muito molhada"; "Arroz é coisa de pobre... prefiro ir direto nos principalmentes"; "Vocês vivem indo ao médico... cuidado, quem procura acha!"; "Só fuma quem tem saúde. Você já viu alguém fumando na UTI?"; "A proprietária desse apartamento nunca vai me tirar daqui... ela tem um monte de imóveis".

O folheto terminava com a frase: "Assim o Adelino levava a vida... com muita irreverência, alegria e bom humor sempre!".

Mas vamos lembrar algumas das suas histórias. Talvez a mais famosa — a da apostila com os bizus de resistência dos materiais — seja única, porque as demais são consequências dela.

A famosa apostila do Adelino
Tudo aconteceu nos idos de 1967. Estávamos no início do terceiro ano do curso de engenharia mecânica e éramos mais de cem alunos na turma, vindos dos dois primeiros anos do básico. Com muitos colegas, era a primeira vez que tinha contato. Eu não conhecia o Adelino.

O Adelino foi lá na frente da sala de aula e informou que estava passando uma lista para saber quem queria cópia de uma apostila com todos os bizus de resistência dos materiais, a temida RESMAT. Era a disciplina que mais reprovava no terceiro ano. Rapidamente a lista foi sendo enchida com os nomes dos interessados. Custaria apenas um cruzeiro novo (moeda da época, corresponderia hoje a uns cinco reais). O valor arrecadado serviria apenas para cobrir os custos das cópias, ou pelo menos foi esse o argumento do Adelino. Imagino que metade da turma tenha "adquirido" a apostila.

Passados uns quinze dias, alguns colegas começaram a cobrar a apostila. O professor da disciplina já tinha agendado a primeira prova. Adelino foi enrolando os "adquirentes", até que não deu mais para segurar. Aí nós descobrimos como o cara era criativo e original: ele nos informou que não tinha apostila nenhuma e que, se nós tivéssemos reparado, ele passou a lista no dia primeiro de abril, Dia da Mentira. Caímos direitinho. Ou quase todos nós. Sei de pelo menos um colega — **Luciano** Santiago Rosas — que, além de ficar indignado, fez com que o Adelino devolvesse o dinheiro sob a ameaça de lhe cobrir de porrada.

Outro inconformado com o "primeiro de abril" foi o João **Bosco** Amarante Oliveira. E vingou-se de forma drástica. O Bosco trabalhava em uma fábrica em Duque de Caxias. Certo dia, depois da revelação do conto do primeiro de abril, o Adelino pediu uma carona para o Bosco que estava saindo do Centro de Tecnologia, o famoso bloco A. Evidentemente, o Adelino estava querendo uma carona para sair da Ilha do Fundão, pois ele morava em Niterói. O Bosco viu ali a oportunidade de vingança. Deu a carona para o Adelino e partiu para Xerém. Ao Adelino, que não entendia o caminho que estava sendo tomado, o Bosco informou que o deixaria em Niterói, pois iria dar a volta na baía da Guanabara. Lembre-se de que naquela época não tinha a ponte Rio-Niterói e era comum contornar a baía por terra, passando por Magé, para chegar a Niterói. Em determinado ponto da Rio-Petrópolis, o Bosco simulou uma parada e, quando o Adelino desceu, zarpou, deixando-o lá a pé e gritando para ele pegar um táxi com o dinheiro das apostilas.

O tempo passava, e sempre tinha alguém babando para pregar uma peça no Adelino, como forma de ir à forra do conto das apostilas.

A vingança do João Marcos **Lesqueves**, como a justiça divina, tardou mas não falhou. O Lesca, como bom capixaba, passou a maioria dos carnavais da sua vida em Iriri-Anchieta, no Espírito Santo. Iriri sempre foi um balneário muito concorrido nos carnavais e a vila ficava (e imagino que hoje ainda fique) entupida de gente. O Carnaval era uma festa eminentemente de rua. Praia, muita cerveja e cachaça. Tinha também os pontos de encontro para beber cerveja e cachaça, as chamadas barracas. E nos domingos saía um famoso bloco de sujo: o Bloco das Bichas. Saía porque a turma, depois de beber até não poder mais, percorria as ruas de terra, fazendo a maior bagunça. Tinha homem vestido de mulher e mulher vestida de homem, e algumas fantasias esdrúxulas: fantasia de babá, de freira e até de Papai Noel. Detalhe importante é que muitos dos participantes do bloco usavam máscara para não ser reconhecidos, por causa das barbaridades que cometiam. Quando o bloco passava na frente das casas, os moradores vinham até a varanda para apreciar a passagem do bloco.

Naquele ano, o Lesca era o Papai Noel. Mascarado. De cajado na mão. Sem esse instrumento, a fantasia não estaria completa. Ao passar em frente a uma determinada casa, o Lesca viu que a varanda estava cheia de pessoas que se divertiam com a passagem do bloco. E qual não foi a surpresa ao identificar entre aquelas pessoas da varanda a figura inconfundível do Adelino. Sem hesitar, adentrou no quintal da casa. Foi, simpaticamente, recebido por alguns moradores que vieram ao seu encontro. Entre eles, o Adelino. Não teve dúvida. Baixou-lhe o cajado, perguntando:

— Cadê minha apostila? Cadê minha apostila?

O Adelino se protegia das cajadadas, tentando explicar para os amigos da casa:

— Deve ser amigo da Escola de Engenharia.

E, assim, ficou muitos anos sem saber quem era, afinal, o Papai Noel Vingador. Não sei se ele algum dia descobriu.

Versatilidade do Adelino

O Adelino morava em Niterói, e a distância fazia com que ele não fosse muito assíduo às aulas. Vai daí que ele vivia pedindo emprestados os apontamentos dos colegas para copiar e poder estudar. Conta a lenda que, não raro, quando alguém cobrava a devolução das anotações, ele, de forma muito desconfortável, informava que não podia fazê-lo porque, ao pegá-las para estudar na barca de travessia da baía da Guanabara, uma forte e inesperada lufada de vento vindo do sudoeste fizera com que toda a papelada caísse no mar de forma inapelável. Numa daquelas nossas reuniões mensais regadas a chope, eu perguntei sobre a veracidade dessa história e ele me respondeu com um sorriso irônico.

Outra história que ele me confirmou era a de que ele não fazia prova final. Ou passava por média ou repetia o ano. Para quem não conhece o processo (ou esqueceu, por causa da memória fraca), quem tivesse média 7 nas provas mensais "passava direto". E, no histórico escolar, constaria a média. Sempre igual ou acima de 7. Fazia prova final quem tivesse média abaixo de 7 e, lançada no histórico, uma nota que variava entre 5 e 6,9. Adelino não admitia: preferia repetir a disciplina e, no ano seguinte, ter sua nota acima de 7. O fato de ter repetido o ano não constava no histórico. O dele deve ter sido um dos melhores da história de nossa escola.

AQUELE QUE NUNCA COLOU, QUE ATIRE A PRIMEIRA PEDRA

Em novembro de 2018, estava eu na fila de embarque da TAP, em Lisboa, esperando a chamada para voltar ao Brasil, depois de umas férias diferentes: foram cerca de 20 dias navegando pelo rio Danúbio, passando por Budapeste, Bratislava, Viena, Melk, Linz, Salzburgo, Passau e Munique. Já esqueci a que países a maioria dessas cidades pertence, e, se você também estiver com essa dúvida, recorra ao Google. Mas voltando à vaca fria: estava na fila quando um indivíduo chega para mim e, de forma interrogativa, diz meu nome:

— Odair?

O seu rosto não me era estranho. Para ganhar tempo e tentar lembrar de quem se tratava, respondi-lhe:

— *Excuse me. I don't speak Portuguese.*

Ele fez uma cara de surpresa, mas eu para aliviar a sua dúvida fiz o reconhecimento:

— Coutinho.

E dei-lhe um abraço. O José Maria Martins **Coutinho** fez-me lembrar uma passagem na nossa ENE que é digna de registro.

Corria o ano de 1968. Estávamos no quarto ano e tínhamos uma disciplina que não me lembro qual era (acho que era Eletrotécnica) cujo professor (também não me lembro do nome) era meio estranho. Ao ministrar as aulas, ele sentava na bancada do anfiteatro e tinha por hábito coçar a orelha esquerda com o a mão direita, só que passava o braço por cima da cabeça. Não é difícil fazer, mas tente e veja como é ridículo.

Outra peculiaridade dessa disciplina/desse professor era que, numa turma de cerca de cem alunos, apenas cinco ou seis assistiam às aulas. Como éramos muito cônscios de nossas futuras responsabilidades, não íamos embora para casa. Ficávamos no Fundão e seguíamos para o Alojamento, lá no fim da Ilha, para participar de um torneio de peladas entre times formados pelos "escritórios" — grupo de alunos que se reuniam para estudar juntos e fazer provas próximos. Por isso o nome "escritório", em uma antecipação das futuras atividades profissionais. Deviam existir umas 15 equipes.

Quando veio a primeira prova, o professor ditou as questões e saiu da sala. Evidentemente, pensamos que ele tinha saído para ir ao banheiro. Mas o tempo passou, e ele demorou a voltar. O que teria acontecido? Seria o número 2? Porque para o número 1 já dera tempo de sobra. Alguém se aventurou a ir dar uma olhada do lado de fora da sala onde a prova acontecia. Disfarçadamente foi até o banheiro que ficava próximo à sala, e nada. Outro "herói" foi designado a ir à secretaria para investigar. Lá chegando, perguntou pelo professor. A funcionária informou que ele tinha assinado a pauta da disciplina e ido embora. Também dera a orientação para que as provas fossem entregues pelos alunos lá, na secretaria, assim que terminassem. O nosso herói voltou exultante, informando que o professor fora embora e nós estávamos entregues à própria sorte. E que sorte. Imaginem cerca de cem alunos fazendo prova sem nenhuma fiscalização. Foi a maior zorra. Todo mundo "trocando informações".

Nesse ponto, aqueles cinco ou seis que assistiam às aulas passaram a ser nossa salvação. Para facilitar a nossa vida, solicitamos aos alunos assíduos às aulas para ir ao quadro-negro resolver as questões. Que eu me lembre, um dos nossos salvadores foi o **Cesar** Gonçalves Neto. Foi um sucesso total.

Na primeira aula após a prova, não houve jogo do torneio porque queríamos ver o que iria acontecer. Sabe-se lá o que o professor ia dizer.

Para surpresa geral, ele não disse nada. Surpresa mesmo veio da parte do Coutinho — um dos que assistiam às aulas —, que foi reclamar com o professor que com a ausência dele houve muito barulho e ele não pôde se concentrar como gostaria.

Alguém indignado com a denúncia do Coutinho praticou uma torpe vingança: arriou os quatro pneus do seu Aero Willys, que precisou da solidariedade de outros colegas, inclusive do **Joviano** Rezende Neto, para efetuar diversas viagens a Bonsucesso para encher os pneus e trazê-los de volta ao bloco G. O pior para mim foi que, numa das recentes reuniões de fim de ano da nossa turma (acho que em 2015), o Coutinho disse que fui eu quem tinha feito a molecagem. Não foi, não, Coutinho.

Depois da informação de que a turma colou desavergonhadamente, surgiu o temor de que o professor passasse a ser rigoroso com a turma. Nossa primeira providência foi cancelar o torneio de pelada e assistir às aulas. Mas não era tudo: como seria fiscalização da prova seguinte? A expectativa e a tensão eram grandes. Será que o método seria o mesmo? A maioria acreditava que ia ter um arrocho.

Veio a segunda prova, e a cena se repetiu: o professor deu a prova e saiu da sala. Dessa vez estávamos muito atentos, acreditávamos que ele devia estar preparando alguma coisa para a turma. De novo apareceu o nosso "herói", que seguiu os passos do professor. O professor passou na secretaria e assinou a pauta. O nosso herói seguia tudo para descobrir onde estava a armadilha. O professor saiu da secretaria e foi para o estacionamento. O nosso herói, de olho nele. Entrou no carro e foi embora. Quando o nosso herói retornou e contou a sua aventura, pode-se imaginar o que aconteceu. Tudo do mesmo jeito: prova sendo resolvida coletivamente.

No encontro em Lisboa, citado no início deste texto, eu disse ao Coutinho que estava escrevendo "causos" e o relatado acima fazia parte. Ele me fez uma solicitação: que ficasse registrado — e assim o faço — que ele não colava. Registro também, por minha conta, que, além de ser um daqueles pouquíssimos que assistiam às aulas, não participou da orgia da prova, com a cola coletiva.

ANOS DE CHUMBO — E EU NEM SABIA...

Eu entrei na Escola de Engenharia, a ENE, em 1965 — um ano depois do golpe de 64 — e me formei em 1969 — um ano depois do AI-5, o golpe dentro do golpe.

Estar vivendo dentro de um ambiente como aquele não dava para medir a real dimensão do que se passava. A situação era a seguinte: censura generalizada, com notícias "oficiais" sendo filtradas pelos meios de comunicação. Só muito tempo depois, passados os tempos mais brabos, foi possível aquilatar a real dimensão da coisa.

Hoje, o Diretório Central dos Estudantes (DCE) da Universidade Federal do Rio de Janeiro (UFRJ) recebe o nome de DCE Mario Prata, em homenagem ao colega de nossa turma que foi preso e morto nos primeiros dias de abril de 1971, como consequência de torturas.

Mas essa contextualização é para contar duas histórias relacionadas à resistência estudantil à ditadura nas quais tive participação.

A primeira tem relação com o 30º Congresso da União Nacional dos Estudantes (UNE), realizado em Ibiúna, São Paulo, no mês de outubro de 1968. Dele participavam mais de mil estudantes e todos foram presos, no sábado, 12, incluindo os presidentes das entidades estudantis: José Dirceu (União Estadual de Estudantes), Luís Travassos (UNE), Vladimir Palmeira (União Metropolitana dos Estudantes, no Rio de Janeiro), entre outros. Todas essas entidades eram consideradas clandestinas pelas autoridades.

As autoridades divulgaram, como um troféu, as prisões e proclamaram o fim daquelas entidades, já que os seus líderes haviam sido presos. A consequência foram ações da estudantada, na semana seguinte, para demonstrar que prender a liderança não acabava com a resistência à ditadura. Uma delas consistia em parar os ônibus e tomá-los de "assalto" e fazer um discurso-relâmpago para os passageiros, terminando com o grito de ordem "a UNE somos nós, essa é a nossa voz". Participei na rua Mariz e Barros, na Tijuca, de um desses "assaltos".

Outra ação para mostrar a "propriedade" da UNE foi a retomada simbólica do prédio da UNE, na praia do Flamengo. Essa ação foi mais elaborada.

O dia 22 de outubro, uma terça-feira, foi definido pelas lideranças estudantis como o Dia Estadual do Protesto. Na manhã desse dia houve uma assembleia no Fundão, conduzida pelo Carlos Alberto Vieira **Muniz**, onde foi organizada a forma de retomada da sede da UNE. Foram formados pequenos grupos de até quatro pessoas nos quais uma delas seria o líder daquela célula. A célula da qual participei era liderada pelo **Hudson** Rodrigues Marinho. A orientação era estar, na tarde daquele dia, em determinada hora em um ponto de encontro. O nosso era na rua do Catete, na esquina da rua Machado de Assis. O Hudson estaria nessa esquina lendo um jornal, e os comandados por ele passariam e dariam um "alô" na hora combinada. E assim foi feito. Os participantes desse minigrupo caminharam sem se falar até a praia do Flamengo, onde estavam chegando os demais grupos. As ruas da praia foram bloqueadas com os bancos de ferro que existiam nas calçadas, e isso impediu o trânsito dos carros, causando um congestionamento que tinha, principalmente, o objetivo de dificultar a chegada dos policiais. A retomada simbólica foi feita, com discurso em uma das sacadas feito pelo Muniz. Após alguns minutos houve a ordem de debandar, cada um seguindo uma direção diferente, mas com hora marcada para se encontrar em um ponto preestabelecido — no meu caso era a igreja Imaculada Conceição, na praia de Botafogo — para verificar se todos estavam bem e se ninguém tinha "caído", isto é, tinha sido preso. Do meu grupo, todos escaparam ilesos. Depois desse encontro, tratei de me mandar para casa. Ao atravessar o túnel Santa Bárbara, no sentido Tijuca, onde morava, cruzei com as tropas de choque da Polícia Militar que se dirigiam para a praia do Flamengo. A adrenalina era alta. E ao fazer este relato voltei a sentir certa emoção. UFA!

MUNIZ E A PROVA DO ZÉ MACACO

O Muniz, quando participava das manifestações citadas anteriormente, já estava sendo procurado pelas "otoridades competentes". E um dos locais em que seria "bandeira" ele aparecer era na Escola. Já não estava indo às aulas, mas, como nunca houve naquela época controle de presença, ele poderia fazer provas, pois continuava matriculado regularmente no quarto ano do curso de engenharia elétrica. Mas como fazer a prova que era presencial? Vejam a seguir a solução dada.

Estávamos no segundo semestre de 1968, eu era representante de turma. Tinha uma disciplina cujo professor era o Zé Macaco. Aqui abro um parêntese: desculpem, não é falta de respeito chamar assim o professor. É como ele era — e ainda é — conhecido. Seu apelido vinha de muitas turmas anteriores. Fecho o parêntese.

A disciplina era mecânica vibratória — ou MECVIB, para os íntimos. Eu já tinha obtido minha aprovação e não precisaria fazer a última prova. Quando o professor chegou para aplicar a prova, comentou comigo que estava com um problema e queria ver se eu podia ajudá-lo. Ele estava precisando de uma pessoa para auxiliá-lo na fiscalização, pois fizera solicitação à secretaria mas não fora atendido. A ajuda era eu me tornar o fiscal. Coloquei-me à sua disposição. Os alunos estavam em duas salas interligadas por uma porta. Eu fiquei em uma delas, e no meu papel de fiscal, transitava entre as cadeiras. Numa das mesas estava um aluno que no papel almaço da prova tinha no cabeçalho o seu nome. E qual era o nome? Carlos Alberto Vieira Muniz. Tomei um susto. Primeiro, o Muniz não era da nossa turma; segundo, aquele que estava fazendo a prova não era o Muniz.

Esclarecimentos: o Muniz não era da nossa turma mas podia fazer a prova, pois o professor ministrava a mesma disciplina no curso de engenharia elétrica. Quem fazia a prova por ele era um colega que tentava livrar o Muniz da reprovação. Não adiantou. Ele teve que entrar na clandestinidade, ainda naquele ano de 1968.

OS TRÊS TIROS NO BUZINA

Vamos a outra história. Aliás, três histórias em uma. Ou uma história em três capítulos. Todas, porém, têm origem em um mesmo fato. Tentativa de homicídio.

O ator central das histórias é o **Ronaldo** Moraes Rezende, chamado pelos colegas e amigos de **Buzina**. Para nos localizarmos no tempo, estávamos em 1968. Buzina morava em Ipanema.

Primeiro capítulo — Tentativa de homicídio
Um dia, a sua namorada lhe contou que tinha um porteiro de um prédio da rua em que ela morava que vivia a assediá-la. Buzina registrou a informação. Em um belo domingo de sol, os dois — Buzina e namorada — estavam voltando da praia, na direção da casa dela. Buzina avistou um porteiro na calçada de um prédio e perguntou à sua namorada se era aquele que a importunava. Ele nem ouviu direito a resposta e partiu correndo em direção ao indivíduo. Sem perder tempo, o porteiro correu para dentro do prédio, com Buzina atrás dele. Já dentro do prédio, o porteiro abriu a gaveta da sua mesinha, sacou um revólver calibre 22 e disparou três tiros. Mas parece que o cara era ruim de mira ou não estava a fim de matar o Buzina, porque os três tiros se alojaram na barriga e, devido à sua complexidade física, só fizeram cosquinhas. Buzina partiu para cima do porteiro e o cobriu de porrada, deixando-o bastante avariado. Os dois foram parar no hospital Miguel Couto.

Na 13ª Delegacia de Polícia, de Copacabana, foi registrada a tentativa de homicídio. Réu: Buzina.

Segundo capítulo — A prova de MECVIB
Parece que a moda era alguém fazer a prova para outro.

Buzina ficou impedido de comparecer à Escola por alguns dias. Só que, nesse ínterim, iria acontecer uma prova de mecânica vibratória (aquela disciplina em que o professor era o Zé Macaco). Como sempre, ele não tinha quem o ajudasse a tomar conta de duas salas ao mesmo tempo. Mas os céus pareciam "conspirar" a favor do professor: apareceu uma pessoa enviada pela secretaria para auxiliá-lo na fiscalização da prova, vestida impecavelmente de terno e gravata. Só que conhecíamos aquela figura: era o **Godofredo** Leite Fiuza Neto, para nós simplesmente **Godô**, colega da nossa turma e companheiro do Buzina dentro e fora da Escola. E a armação era um primo do Buzina, que estava no primeiro ano da Escola, fazer a prova por ele. Só que o menino não conhecia a matéria. A solução foi ele preencher as respostas das questões com as informações que o Godô ia recolhendo entre os melhores alunos. Prova gabaritada. Mas ainda falta o terceiro e último capítulo.

Terceiro capítulo — A correção da prova
O professor Zé Macaco tinha por hábito gastar uma aula — normalmente a seguinte à prova — para apresentar as notas e receber as solicitações de revisão. Ele entregava as provas e aguardava os pleitos dos alunos. Vou abrir um rápido parêntese aqui, para lembrar uma história que só vi uma vez na minha vida de estudante/professor. Um colega — **Hugo** Dantas Pereira — pleiteou, junto ao professor, a redução da sua nota de 9 para 8, porque ele não merecia aquela nota.

No dia da apresentação das notas, o Buzina apareceu, com a barriga cheia de faixas de ataduras, ainda convalescendo dos tiros. E para a sua surpresa sua nota foi zero.

De posse da "sua" prova, pôde observar que no cabeçalho estava a razão do zero. Constava a observação feita pelo professor: "Prova igual à do aluno Xxxx". E com essa mesma observação existia mais uma dúzia de provas. É claro, as provas eram oriundas de uma mesma fonte. Mas o Buzina não se deu por vencido. Mostrando as faixas de ataduras para o professor, com a maior cara de pau, justificou: "Professor, eu vim fazer esta prova no maior sacrifício, sentindo muitas dores, mal conseguia escrever, como eu poderia me virar para colar? Por favor, mantenha a minha nota". O detalhe é que o professor corrigia a prova, dava a nota e depois fazia a observação sobre as colas. Assim, a nota do Buzina foi 10.

PRÊMIO NACIONAL DA QUALIDADE (PNQ)
—

Uma rápida explicação do que é o PNQ, para quem ainda não sabe do que se trata.

O PNQ foi criado em 1992, para reconhecer as organizações consideradas de "classe mundial", e existiu até 2016, quando passou a se chamar "Melhores em gestão".

O reconhecimento era feito por ciclos anuais e cada organização candidata era avaliada por um grupo distinto de examinadores composto por seis especialistas. Tive a oportunidade de participar de 20 ciclos desde 1992.

Durante esta jornada, não foram poucas as circunstâncias que ficaram gravadas na memória sobre situações inusitadas que ocorreram. Inclusive se considerarmos que, em cerca da metade das avaliações, as candidatas foram visitadas. Isso obrigou os examinadores a conviver por cerca de uma semana, praticamente 12 horas por dia, hospedados no mesmo hotel, almoçando, jantando e visitando a organização juntos.

Aqui vale um registro e reconhecimento. A primeira vez que alguém me falou sobre um livro de causos, foi o Antônio **Tadeu** Pagliuso, quando era superintendente-geral da FNQ e sugeriu que eu contasse as histórias que aconteciam durante as das visitas de avaliação das candidatas ao Prêmio Nacional da Qualidade. A ideia deste livro veio daí.

CRIATIVIDADE NO PROCESSO

A história que se segue me foi contada pela **Silvana** Hoffmann.

Silvana avaliava uma distribuidora de energia elétrica e, após desenvolver suas atividades na sede, precisava visitar certa unidade. Foi informada que, para chegar lá, não podia ir no próprio carro. Ficava perto de uma "área de interesse social" ou "região com habitações subnormais" ou ainda "comunidade" ou no popular "favela". Era uma zona perigosa, e que lá só entrava o carro adesivado da distribuidora. Muito bem. Deixou seu carro na sede da empresa e lá foi ela no tal carro adesivado. Desenvolveu suas atividades sem nenhum percalço. Mas uma coisa chamou a sua atenção: quando foi verificar o ponto relacionado a retrabalho, constatou que durante certo período havia uma incidência relativamente alta de troca de lâmpada de um único poste de iluminação pública. Esse poste ficava na entrada da comunidade, e quase duas vezes por semana aquela troca era necessária.

O responsável por acompanhar a Silvana explicou que, todas as vezes em que chegava droga na favela, o chefe do tráfico ordenava que se desse um tiro na lâmpada do poste para avisar que a droga tinha chegado. E a distribuidora tinha que mandar um funcionário ir lá para trocar a lâmpada, acionada pelo presidente da associação dos moradores. Aquele funcionário que ia amiúde providenciar o reparo teve uma ideia. Procurou o chefe do tráfico e combinou com ele uma solução que foi boa para os dois lados. Qual foi a proposta? Instalar um interruptor no poste para ser acionado sempre que o "bagulho" chegasse. Assim foi feito. Ele não precisou mais trocar as lâmpadas com tanta frequência, nem os bandidos precisaram gastar em munição.

REGRAS DE SIGILO

Uma coisa que era muito importante e respeitada com muito rigor era o código de ética ao qual os examinadores eram submetidos. Dele faziam parte a declaração de princípios, regras de conduta, de confidencialidade e sobre conflito de interesses. A finalidade de tantas exigências era dar credibilidade ao processo de avaliação.

As candidatas também deviam seguir alguns pontos do código de ética com a mesma finalidade. Não podiam divulgar externamente o nome dos avaliadores, nem oferecer presentes ou qualquer coisa que representasse valor para eles.

Com relação às regras de sigilo, aconteceram em Minas Gerais duas situações interessantes e, por que não dizer, estressantes.

A primeira delas foi lá pelo ano 2000, quando eu estava participando como examinador líder do processo de avaliação de um prêmio setorial. Era o prêmio da Associação Brasileira de Planos de Pensão (ABRAPP), e tinha o mesmo molde do PNQ, só que era dedicado às organizações associadas à ABRAPP.

Estávamos designados para avaliar uma organização em Belo Horizonte. Quando a equipe lá chegou, foi recebida de forma espetacular, no sentido lato da palavra. Faixa de boas-vindas, todos os funcionários perfilados para nos receber com toda a pompa, só faltou a banda de música. Mas não parou por aí, quando já estávamos acomodados, o diretor da fundação nos trouxe um exemplar do jornal *O Estado de Minas* daquele dia e estava lá, na primeira página, como uma notícia espontânea, a informação sobre a avaliação que iria ocorrer. Por sorte, para as regras de sigilo, não eram citados os nomes dos avaliadores.

A segunda situação foi relacionada ao Prêmio Mineiro da Qualidade (PMQ), que estava sendo implantado no estado pelo Instituto Qualidade Minas. Corria o mês de novembro de 2003, e o meu papel nessa avaliação era de representante da FNQ para transferir a sua tecnologia para os mineiros e, dessa forma, os prêmios — regional e nacional — manterem alinhamento.

A visita era na prefeitura da cidade de Santa Luzia, que estava se candidatando ao PMQ. Era um caso que, na época, foi destacado no meio empresarial como exemplo de como as modernas técnicas de gestão podiam chegar até o serviço público. Realmente, foi uma grata surpresa ver como as práticas, que estávamos acostumados a encontrar nas organizações privadas, estavam sendo seguidas de forma "redonda" em um órgão público.

Nós fomos recebidos por prefeito e subprefeito, acompanhados pelo seu *staff*. Transcorria tudo bem até que, um pouco antes da hora do almoço, fomos informados pelo subprefeito sobre a presença de representantes de um jornal local — caracterizado como de oposição à administração municipal — que desejavam fazer contato com os avaliadores. Foram tomados cuidados para que, na saída para o almoço, os avaliadores não fossem abordados pelos representantes do jornal e assim fosse preservado o sigilo sobre a nossa identidade e a candidatura da prefeitura.

Após o almoço fomos contatados pelo coordenador do PMQ, que estava em Belo Horizonte, para informar que os representantes do jornal também haviam feito contato com ele.

A visita se encerrou obedecendo à agenda previamente estabelecida, e o prefeito foi informado sobre esta ligação e sobre a FNQ apurar a origem do vazamento. O prefeito esclareceu que a exposição aconteceu, seguramente, dentro da própria prefeitura pelo grande envolvimento dos funcionários na preparação da visita e, principalmente, pelo interesse político que a oposição teria em explorar a visita dos avaliadores do PMQ.

Mas ainda não terminaria a preocupação com o sigilo da visita. Ou pelo menos com a identificação dos avaliadores. Estes foram orientados a nada declararem a respeito da visita, e para despistar o pessoal do jornal o prefeito ofereceu quatro viaturas para o deslocamento dos avaliadores até o centro de Belo Horizonte. E assim foi feito. No máximo duas pessoas por veículo e saindo defasados de alguns minutos. Teve um examinador que sugeriu sairmos nas malas dos carros. Aí também era uma preocupação exagerada com as regras do sigilo. Só não digo o nome do autor da sugestão porque não me lembro de quem foi a inusitada ideia.

GURUS

"Professor, o que é guru?"

Durante muitos anos, ministrei a disciplina gestão da qualidade na graduação e na pós-graduação, da FGV. Tinha um tópico que tratava dos gurus da qualidade, e aí entram Juran, Deming, Crosby, Feigenbaum, entre outros. Para comentar sobre esses especialistas, preparei um *slide* que tinha a palavra "guru" no título. Estava eu em Belo Horizonte, numa turma de MBA, e, para surpresa minha, um aluno me perguntou, antes que eu começasse a discorrer sobre o assunto, o que significava guru. Não fazia ideia de que alguém em uma pós-graduação não conhecesse o termo. Expliquei-lhe o significado e depois, por curiosidade, fui procurar a definição em outras fontes. Uma que encontrei no endereço https://www.meusdicionarios.com.br/ foi: "termo que se originou no antigo idioma sânscrito da Índia, e pode ser entendido como sinônimo de professor, guia espiritual ou mestre". E mais: "atualmente, o termo guru no Ocidente também pode ser usado em um sentido laico, significando alguém que é especialista e professor de algum tema específico". E eu acrescentaria que guru é alguém que, por sua sabedoria e seu conhecimento, tem seguidores.

E é nesse sentido que quero registrar aqui a minha admiração por alguns profissionais com quem tive a oportunidade de conviver no período em que participei do PNQ e que tenho como meus gurus. Destaco dois e, sem me preocupar com a ordem da apresentação, diria que o primeiro — talvez por ser aquele que conheço há mais tempo — é o Basílio Vasconcelos **Dagnino**. Entre tantas qualidades, destacaria o fato de ter sido um pioneiro no Brasil do assunto qualidade. Foi ele quem deu o pontapé inicial no PNQ e, com a **Regina** Aguiar, conduzia todo o processo nos seus primórdios. O Dagnino foi presidente da Academia Brasileira da Qualidade (ABQ) de 2016 a 2018.

O outro guru, em quem sempre procurei me espelhar, é o Francisco Paulo Uras, profissional de responsabilidade e dedicação ímpares. Com Uras, aprendi uma coisa que é aparentemente macabra, mas que a prática prova ser verdade. Ele só viaja nas últimas filas dos aviões, e a sua explicação é sensacional: quando ocorre um acidente grave, quase sempre só sobra a cauda do avião. O melhor exemplo é o acidente com o avião do time de futebol da Chapecoense: os sobreviventes estavam na última fila.

Outros gurus — no sentido de em algum momento eu ter sido um seguidor — podem nem saber, mas em algum momento de minha vida sofri as suas influências. E por isso lhes sou muito grato.

Ricardo Motta. Durante alguns anos tive contato constante com ele, no Comitê de Critérios da FNQ, e sempre fiquei impressionado com a quantidade de atividades e projetos que Ricardo conduzia concomitantemente.

Ariosto Lima Farias Júnior. Simplicidade e inteligência. Ou "bom humor e positivismo", como certa vez o **Vítor** Hofmann o qualificou. Vou apresentar o Ariosto e o Vítor na parte em que relato a viagem a Maputo.

Carlos Amadeus **Schauff**. Em 1999, me falou sobre o seu planejamento profissional de médio e longo prazos. O futuro almejado por ele para si mesmo e para sua empresa era ser referência em prêmios da qualidade. Tudo que ele me disse aconteceu.

Claudius **D'Artagnan** Cunha de Barros. Lá nos idos de 1990, me falou sobre o seu planejamento para a vida pessoal. Não entendi. Levar para a vida pessoal aquilo que a gente ensinava para as organizações? Mas muitos anos depois verifiquei, no meu caso, a importância de fazer esse planejamento.

Maria **Cristina** Alexandre Costa. Além de madrinha no meu casamento religioso com Stella, em 2008, me ofereceu vários trabalhos que foram muito importantes profissionalmente.

Dalton Bucelli. Foi superintendente da FNQ e, em um momento em que eu estava dando uma grande guinada profissional, acreditou em mim e me concedeu a responsabilidade de ser o coordenador da chancela da FNQ para os prêmios Qualidade Rio, Abrapp e Mineiro.

Com certeza estou esquecendo alguém mais. Peço desculpas e prometo, quando lembrar, incluir na segunda edição.

AVALIAÇÃO EM MAPUTO
—

Em junho de 2005, recebi um convite da FNQ que foi para mim um verdadeiro certificado de reconhecimento da minha atuação no processo do Prêmio Nacional da Qualidade. O convite era para participar de uma equipe para realizar a avaliação de uma organização em Maputo, capital de Moçambique. A empresa era a Mozal, na época uma subsidiária da BHP Billiton. Normalmente, a avaliação de uma organização era feita com base em um relatório preparado por ela, que era analisado de forma detalhada pelos avaliadores, antes da visita às instalações. Neste caso haveria uma grande novidade: a avaliação seria feita, quase totalmente, durante a visita, com base em entrevistas com os principais gestores e visita aos postos de trabalho.

Para a empreitada foram convidados como avaliadores, além de mim, Luiz Carlos **Nascimento**, **Marcelo** Marinho **Aidar**, José **Parada** de Oliveira Júnior, **Ariosto** Lima Farias Júnior, Vítor Hofmann. Também fazia parte da comitiva o **Sergio** Queiroz, gerente da FNQ que foi como representante.

Entre o convite — feito em 2 de junho — e a saída para Maputo, estavam previstos uns 30 dias de preparativos. Foi tempo suficiente para criar uma grande expectativa não só pela responsabilidade, como também pelo ineditismo da viagem. Afinal, eu nunca tinha ido à África. E África do outro lado, isto é, no mar Índico. Em frente a Madagascar.

Nesse período de preparação, algumas reuniões foram realizadas, em São Paulo, para alinhamento da avaliação e planejamento da visita.

A VOLTA DOS QUE NÃO FORAM

Chegou a data da viagem. O primeiro trecho era Rio-São Paulo (Guarulhos). Depois Guarulhos-Johannesburgo, e o terceiro trecho, Johannesburgo-Maputo. Era viagem de quase 24 horas. Saí do Rio às 14h do dia 22 de julho. Chegando a Guarulhos, me juntei aos outros parceiros de viagem. E qual foi a "grata" surpresa? O voo para Johannesburgo, no final do dia 22, estava cancelado. Motivo: greve dos pilotos da companhia South African Airways (SAA). A solução dada foi dormirmos em Guarulhos, em um daqueles hotéis de aeroporto, com a esperança de que no dia seguinte a situação mudasse. No dia seguinte, não mudou nada. Eu e o Parada, que também era representante do Rio de Janeiro na equipe, voltamos para casa no final do dia. Frustração total. Tanta coisa planejada com antecedência, expectativa de uma experiência ímpar. Inicialmente, a frustração chegou a levar à ideia de que a empreitada seria cancelada.

Esta etapa foi batizada de "A volta dos que não foram".

Mas, após diversas tratativas, foi ajustada uma nova data. A nova ida ficou para o final de agosto. E assim aconteceu. Como não poderia deixar de ser em uma equipe onde seus componentes convivem mais de uma semana, aconteceram fatos dignos de registro.

ACÁ HAY MURIÇOCAS

Com o adiamento da visita, tivemos mais tempo para prepará-la e conhecer melhor as informações recebidas da empresa. E não eram apenas informações técnicas diretamente relacionadas com a visita. Nós éramos abastecidos com informações gerais relacionadas com a visita, tais como necessidade de visto, vacinação, aspectos culturais em Maputo e muitas outras. Uma que nos impactou de forma contundente foi a relacionada às doenças que estavam presentes em Moçambique e em Maputo, em particular, e a que mais nos aterrorizou foi a malária, transmitida pelo mosquito. As orientações passadas pela Mozal, em forma de manuais e procedimentos, eram quase um atestado de que não sairíamos incólumes de Maputo. Como prevenir? À noite, manter os cômodos fechados; durante o dia, usar repelente e cobrir ao máximo o corpo — camisa de manga curta e bermudas, nem pensar. Daí surgiram os excessos. Eu levei espiral e inseticida em spray. O spray era jogado na saída do ar-condicionado e a espiral colocada na banheira, para queimar durante a noite. Fico imaginando a camareira, ao ir arrumar o meu quarto ao se deparar com as cinzas dentro do banheiro — com certeza imaginou que era alguma macumba. A maior paranoia.

Mas o maior apavorado com os mosquitos era o Ariosto. Na noite em que chegamos, no jantar, Ariosto, muito preocupado, perguntou ao garçom: "Acá hay muriçocas?". Ele estava se esquecendo que estávamos em um país lusófono. Não precisava inventar uma nova língua, uma mistura de espanhol com baianês. Aí mesmo que o garçom não entendeu nada e nós caímos na maior gargalhada. O grande lance foi que a sua frase passou a ser o nosso lema.

Só que o seu pavor pelos mosquitos não parou por aí: na manhã do primeiro dia da visita — no dia seguinte de nossa chegada —, ele trouxe para o nosso café o seu apavoramento, pois desconfiava que tinha sido picado por uma muriçoca enquanto dormia. Quando soube dos meus cuidados, se desesperou. De acordo com seu entendimento, devia estar à beira da morte. Parece exagero, mas não era. Quando chegamos na empresa, ele suplicou que fosse atendido pelo serviço médico. E assim foi. Perdeu boa parte da manhã sendo avaliado pelos médicos da Mozal. De avaliador, virou avaliado.

Quando retornamos, enviei uma mensagem para os parceiros da viagem e em determinado trecho eu dizia: "Ariosto, não queria lembrar, não, porque acho que seria uma maldade, mas hoje faz quinze dias que você foi picado por aquele mosquito, o famoso 'acá hay muriçocas'. Por favor, não me venha com febre e outros sintomas...". Quinze dias é o período de incubação da malária.

O TERMINAL

O Ariosto foi o destaque nessa viagem. Ele na época era o líder da delegação do Brasil no comitê da International Organization for Standardization (ISO), que tratava de segurança da informação. Viajava por diversos países em reuniões para elaborar normas relacionadas ao tema. Portanto, não era nenhum iniciante.

A nossa viagem, como já dito antes, era em três etapas. A última começava em Johannesburgo, onde faríamos conexão para Maputo. Como nosso voo chegaria às 7h da manhã, fora previsto desembarcarmos e irmos até um hotel para descansar e retornar ao aeroporto na hora do voo para Maputo, que seria às 15h. Nessa parada, iríamos fazer alfândega e controle de passaportes pelas autoridades da África do Sul.

Qual foi a surpresa que o Ariosto nos trouxe? O seu passaporte tinha menos de seis meses de validade. Evidentemente que não foi permitido que ele saísse do aeroporto. Ainda bem, não precisava voltar para o Brasil. Com um jeito aparentemente tranquilo, ele nos disse para não nos preocuparmos. Na hora do nosso voo para Maputo, ele estaria a postos. Como tínhamos viajado em primeira classe, ele aguardaria o horário na sala *vip* da SAA que tinha até chuveiro. E assim aconteceu. Só que tinha um detalhe: na volta, em função dos horários de voo, nós chegaríamos de véspera em Johannesburgo e dormiríamos em um hotel para embarque pela manhã. E aí, Ariosto?

— Não se preocupem, usarei de novo a sala *vip* da SAA.

Deixamos a nossa preocupação de lado e fomos para Maputo, com a equipe completa. No retorno ao Brasil, já no aeroporto de Johannesburgo, Ariosto ficou por lá para a sua jornada. Aí ele se deu mal. A sala *vip* só podia ser utilizada para os voos que estavam prestes a decolar, e não para "diária" completa. Qual foi a alternativa pensada pelo Ariosto? "Vou para o hotel de trânsito do aeroporto." De novo, se deu mal. O hotel estava lotado e não tinha vaga. A solução adotada pelo Ariosto foi dormir nos bancos do aeroporto. Reviveu as cenas do filme *O terminal*.

VISITA À FORTALEZA DE MAPUTO

Chegamos em Maputo no dia 28 de agosto, um domingo. A agenda previa a nossa partida no dia 3 de setembro, às 16 horas. Teríamos, portanto, de segunda a sexta para os trabalhos. E, realmente, foram jornadas diárias muito cansativas. Em determinado momento, nos demos conta de que iríamos ficar confinados na Mozal sem conhecer nem um pouco da cidade. Reivindicamos, e foi aceito, que no sábado de manhã fizéssemos uma visita à cidade, para que depois pudéssemos dizer que conhecemos Maputo. Entre os vários pontos a que fomos conduzidos pelos nossos anfitriões, fomos à Fortaleza de Maputo, localizado junto ao Porto da Pesca, na praça 25 de Junho. A Fortaleza é um dos principais monumentos históricos da cidade.

Mas por que estou contando isso tudo? É para relatar mais um surto do Ariosto. Sim, surto — era como classificávamos as suas intervenções. Caminhando entre as ruínas da Fortaleza (nem tanto ruínas assim; aquilo que estávamos visitando fora reconstruído em 1946), encontramos um casal de italianos em lua de mel. Não sei quem foi que se dirigiu a eles e os identificou como turistas, mas o Ariosto se adiantou e, com sua peculiar atitude de amizade universal, teve mais um surto e lhes dirigiu a frase lapidar (não se esqueçam que os caras eram italianos): "Mio nombre é Ariosto. In Florença hay uma via que se llama Ariosto. Ustedes conocem?". Evidentemente que o casal não entendeu coisa nenhuma. E nós, mais uma vez, caímos na maior gargalhada.

A REALIDADE

Em março de 2019, Moçambique foi assolado por um ciclone batizado de Idai, que atingiu principalmente a província de Beira. Fico imaginando o desastre. Quando estive por aquelas bandas já tinha ficado chocado com a miséria, sem ciclone. Nessa época, dois fatos me marcaram.

No material recebido para a nossa avaliação, identifiquei algumas iniciativas da Mozal para apoiar a comunidade. De forma muito singela, pensei no que poderia fazer, nem que fosse simbólico. Fui na Casa Cruz e comprei uma caixa com uma grosa de lápis (para os mais novos, grosa é o conjunto de 12 dúzias, ou seja, 144). Ao chegar na Mozal, tive a oportunidade de conhecer a pessoa responsável pelo programa que apoiava as comunidades — Gilda Chitsungo. E, muito sem graça, falei sobre os lápis que levara. A minha doação, por mais simplória que fosse, foi recebida de forma muito simpática pela Gilda.

Outro fato mais contundente foi consequência da atividade de avaliador. Entre as várias entrevistas programadas para serem realizadas, eu me dirigi para conversar com um operador de forno.

Os fornos de redução da alumina[2] ficavam alinhados em um galpão que tinha cerca de um quilômetro. Deveria ter cen-

---

2. No processo de produção do alumínio, o minério chamado bauxita é refinado e se transforma na alumina. Esta, por sua vez, por meio de redução eletrolítica, se transforma no alumínio.

tenas de fornos, e cada operador era responsável por meia dúzia deles.

Um determinado operador foi escolhido pelos nossos anfitriões, e me dirigi a ele para avaliar ao vivo e em cores a política de gestão de pessoas da empresa. Inicialmente fui até o posto de trabalho para conhecer o local, e posteriormente fomos para uma sala de reuniões para que eu pudesse conversar de forma mais tranquila.

Fui impactado pelas condições de trabalho. Nada que fosse degradante, mas para mim, que estava com a "provecta" idade de 60 anos, parecia exaustivo. Nunca trabalhei na boca de um forno, mas me pareceu que era necessário um bom preparo físico para desempenhar aquela função.

Mas a surpresa maior estava por vir.

Na sala de reuniões, fiz uma série de perguntas quase padronizadas. Comecei perguntando por sua formação e tive o primeiro impacto. O rapaz era formado em engenharia. "E por que trabalhava como operador de forno?" foi a pergunta que lhe fiz. Porque não tinha oportunidade de trabalho como engenheiro. Ele falava, além do português e um dialeto local, inglês e russo. O inglês era pré-requisito para admissão na Mozal e o russo, consequência da presença dos então soviéticos após a independência (1975).

Depois de algumas questões sobre a sua atividade e as condições de trabalho, fiz uma pergunta bem genérica, como forma de terminar a entrevista. Perguntei-lhe o que ele queria para o futuro. Sua resposta foi desconcertante:

"Quero viver tanto quanto o senhor".

Moçambique é um país em que doenças como malária (5% de casos no mundo e 3% do total de vítimas fatais), aids (em 2017, 13% da população estava infectada pelo vírus do HIV), cólera, tuberculose e, ainda, a mortalidade materna e infantil trazem uma baixa expectativa de vida para seus habitantes. Na época em que estive lá, era de 45 anos.

Despedi-me, saí do local onde estávamos e fui para a sala onde estavam os outros avaliadores. No caminho, pensando no que acabara de ouvir, lágrimas ameaçavam descer pelo meu rosto. Eu fui segurando até entrar na sala. O Nascimento percebeu alguma coisa e me perguntou o que acontecera. Com muita dificuldade consegui contar o que tinha ocorrido. Eu chorava enquanto contava.

OUTROS "CAUSOS"
A fim de registro, vou relacionar a seguir situações inusitadas nesta visita com o devido nome dos santos.

Primeira: por questão de segurança operacional, os funcionários da Mozal não podiam usar barba. É contratual. A explicação está no fato de que em determinadas áreas é preciso entrar com máscara, um item obrigatório de segurança, e a barba impede o seu uso correto.

Mas imaginem um visitante que tenha barba. Era o caso do Parada. Para essas situações excepcionais, existia uma máscara parecida com um escafandro que tinha acoplado um motorzinho, colocado nas costas, na altura do traseiro, que ventilava continuamente a máscara. O Parada ficou parecendo um ser extraterrestre. É meio difícil de explicar, mas, para quem tiver muita curiosidade de conhecer, tenho fotos tiradas pelo Sérgio e não me importarei de mostrar.

Segunda situação: o Vítor fumava e, para saciar seu vício, era obrigado a se deslocar para um local preestabelecido, que ficava um pouco distante da sala onde estávamos baseados. No caminho, ele descobriu um banheiro onde, ao passar pelo secador de mãos, o sensor acionava como se fosse um detector de presença. E realmente ele estava funcionando como tal. Foi o bastante para ele inventar uma história de que no banheiro existia um detector que identificava aqueles que não eram lá muito convictos. E a gozação era chamar os colegas para se submeterem ao "detector". Nenhum passou no teste.

Outra situação: quase não consegui entrar nem sair de Moçambique. Na chegada, ao pisar no solo moçambicano, ainda na pista de pouso, tirei uma foto do avião. Fui interpelado por um militar, me enquadrando de forma pouco gentil, dizendo que as fotos não eram permitidas por se tratar de área militar. Botei a minha viola no saco, ou melhor, a máquina fotográfica na mochila.

Na saída, no mesmo aeroporto, nos foi cobrada uma taxa de 10 dólares, correspondente a não sei o quê. A primeira confusão era saber do que se tratava essa cobrança. Não recebemos explicações. Ou pagávamos ou não embarcávamos. E não aceitavam meticais (moeda de Moçambique), somente a moeda americana. Sem problema, eu tinha dólares. Fui lá pagar. Não aceitaram a minha cédula porque era de "cara pequena", ou seja, dólar antigo. Já estava em circulação pelo mundo afora o dólar "cara grande", e alguns lugares não aceitavam o antigo. Alguém lembrou: "Pague com cartão de crédito". Não consegui. O sistema estava fora do ar. E eles não eram nem um pouco simpáticos em buscar uma solução. Estava vendo a hora em que eu iria morar para sempre em Maputo. Mas uma alma caridosa, mais precisamente o Vítor, me emprestou os 10 dólares de "cara grande" para que eu pudesse sair dessa encalacrada. Ufa!

MISSÃO COMPRIDA

Isso mesmo, revisor. A missão foi *cumprida*, mas, pelas atividades em alguns momentos um tanto fatigantes (tradução para o bom português do termo inglês "*stress*"), foi relativamente longa, ou seja, *comprida*.

Os finalmentes foram registrados em mensagens trocadas após nosso retorno às nossas casas.

O Vítor deixou registrado que "... houve momentos difíceis [...]. Porém, os momentos [...] de felicidade pelo trabalho conduzido superaram com folga as dificuldades". O nosso líder, Nascimento, definiu bem a nossa experiência: "Foram momentos de convivência e aprendizado intensos". E eu me lembrei da amiga neurocientista **Suzana** Herculano-Houzel, que, no seu livro *Sexo, drogas, rock 'n' roll... e chocolate*, diz, na página 23:

> *Pode parecer um contrassenso o cérebro gostar de experiências estressantes, mas a euforia pós-estresse tem sua função: se você viveu para contar a história é porque sua reação ao leão, assaltante ou montanha-russa foi bem-sucedida, e merece ser premiada para garantir que ela se repetirá da próxima vez que a mesma razão de estresse aparecer.*

AMIGOS DA VIDA

Resolvi enquadrar alguns amigos nessa categoria — "da vida" — para dar a eles um destaque especial, embora alguns pudessem ser enquadrados em um dos capítulos anteriores.

"DISCUTINDO A FAVOR"
Vou começar com as histórias de um amigo que já se foi. **Sérgio Roberto Rodrigues.** Sérgio, como eu o chamava, foi para mim muito mais que um amigo. Foi um irmão mais velho — quando me dava conselhos — e até mesmo um pai — quando me enquadrava por alguma coisa que estava saindo dos trilhos.

Conheci o Sérgio em 1962. Fomos colegas na revista *O Cruzeiro*, quando eu tinha 17 anos. Até novembro de 2003, quando ele faleceu, foram 41 anos de convivência. Foi o que se pode chamar de uma amizade de mão dupla. Em alguns momentos de minha vida, recebi um grande apoio do Sérgio, assim como o apoiei em momentos difíceis da sua vida.

Quantos ensinamentos de vida recebi dele… Nas tipificações de amigo, que abrem este livro, o Sérgio pode entrar em algumas, mas posso dizer que, se alguém me pedisse para identificar na minha vida um Amigo, com A maiúsculo, esse seria o Sérgio.

Nos idos de 2002, eu e Sérgio estabelecemos uma rotina interessante: toda segunda-feira, no início da noite, íamos até o bar Universidade do Chopp, que ficava próximo à sua casa, no Leme, e conversávamos sobre os mais diversos assuntos, principalmente aqueles relacionados às nossas aflições pessoais. Não me esqueço de alguns sermões que ele me passou naqueles papos. Era uma verdadeira sessão de terapia, regada a (muito) chopp e, normalmente, aipim com carne-seca. Falávamos de passado, presente e futuro. De filhos, irmãos, sobrinhos, namoradas, mulheres e mães.

Mas, como aqui neste livro estou contando os causos de amigos, lá vai um do Sérgio, que por acaso tem a participação direta de outro amigo, o cavaquinista **Henrique** Cazes. Henrique publicou em 2002 um livro excelente — *Suíte Gargalhadas* —, onde conta "cento e tantas histórias engraçadas sobre música e músicos", subtítulo do livro. Aliás, este *75 amigos* copiou do livro do Henrique o formato de contar causos em pequenas histórias.

Em fevereiro de 2003, fui ao lançamento do livro na livraria Travessa de Ipanema. Foi nessa oportunidade que conheci o Henrique e o livro.

Eu sempre tive o Sérgio como um dos maiores conhecedores de música popular — brasileira e americana. Quando li as histórias, vi que o livro tinha a cara do Sérgio. Um monte de personagens que ele com certeza conhecia e com quem até mesmo convivera. Comentei com ele e sugeri que lesse. Ele topou de cara. Para surpresa minha, alguns dias depois, o Sérgio me ligou indignado, chamando o Henrique dos piores qualificativos. Não entendi nada. Ele, então, recomendou que eu lesse a história da página 163. O Henrique dera o título "Discutindo a favor" e contou a história que aconteceu no Bip-Bip, famoso (micro) bar de Copacabana onde os fregueses se espalham pela calçada. Naquele dia, a atração era o violonista Jorge Simas. Conta o Henrique que se aproximou um senhor que, ao final de cada música, tecia rasgados elogios ao violonista e numa pausa se dirigiu ao Jorge, dizendo que nunca tinha visto um violão como o dele. E, em seguida, corrigiu: "Aliás, eu já vi, sim. Como é mesmo o nome dele?... Jorge Simas. Só ele é páreo para você". E, segundo Henrique, o Jorge — tremendo gozador — ficou meia hora discutindo "se ele era melhor que ele mesmo". A certa altura da discussão, o senhor decidiu ir em casa buscar o disco do Jorge Simas para provar sua opinião.

O senhor era o Sérgio. A sua indignação era porque a história não se passou como relatado pelo Henrique. Mas e daí? Na apresentação do livro, o Henrique avisava que não teve "nenhuma preocupação em apurar a verdade dos fatos e, de cada história, escolheu a versão mais engraçada, mesmo inverossímil".

Pena que o Sérgio partiu tão cedo e não pude apresentá-lo ao Henrique. Com certeza se tornariam amigos, e disso eu teria muito orgulho.

AVENTURA NA ITÁLIA — 1

Outubro de 1971. Começaria uma das mais inesquecíveis aventuras da minha vida. Passar quase um ano na Itália, participando do Curso de Aperfeiçoamento para Técnicos Estrangeiros, promovido pelo Instituto para a Reconstrução Industrial (IRI), órgão do governo italiano para o fomento da economia pós-guerra. Eu fui como funcionário da Fábrica Nacional de Motores (FNM), uma subsidiária da Alfa Romeo controlada pelo IRI.

Recebi todas as instruções do que deveria fazer ao chegar em Roma. Tudo muito bem organizado. Aparentemente. Constavam coisas como, por exemplo, colocar, ainda no Galeão, um enorme e ridículo crachá, enviado previamente, para ser facilmente identificado. Outra instrução era para, ao desembarcar em Roma, procurar um guichê especialmente montado para receber os bolsistas do IRI, onde receberia demais instruções sobre acomodações. Se não desse certo, eu tinha dicas de bolsistas da FNM que estiveram em anos anteriores no curso, tais como hotéis onde ficar, locais para fazer refeições e endereços do instituto.

A expectativa era monstruosa. Era a primeira vez que pisava em território estrangeiro. Ao desembarcar, na sexta-feira, dia 8 de outubro, acompanhado da Maria Júlia Pereira Quintella e com três malas imensas, passando pelo corredor de pessoas que esperavam aqueles que chegavam, ouvi, em alto e bom som, alguém gritando e repetindo: "INDIENHER CUINTELA, INDIENHER CUINTELA". Ele estava procurando o engenheiro Quintella, que em italiano se escreve "Ingegnere Quintella", mas a pronúncia era bastante diferente para quem não conhecia uma palavra em italiano. Desconfiei que era comigo. E me apresentei. Era o **Roberto** Roberti, motorista do escritório da Alfa Romeo em Roma que tinha sido designado para receber aquele engenheiro que chegava do Brasil. Abandonamos todo o *script*. Foi como uma boia para os náufragos. Roberto pegou as nossas três malas e nos levou para o carro que estava no estacionamento. Ele não falava uma só palavra em português, e nós nenhuma em italiano. A comunicação foi na tradicional língua italiana, ou seja, 90 por cento com as mãos e o resto em uma língua que ninguém conhecia.

Já que não estávamos seguindo as instruções recebidas, a saída foi indicar ao Roberto o endereço de um hotel — Pensione Ottaviano — que o Nauberto tinha me dado como dica. Para lá fomos levados em uma viagem "inesquecível". Roberto dirigia aquela máquina (como os italianos chamam o carro) a mais de 200 km/h na autoestrada que saía do aeroporto, grudado no carro da frente para pedir passagem, contramãos dentro da cidade, avanços de sinal, estacionamento em local não permitido — como eu conhecia dos filmes italianos. Esse foi o cartão de visita do Roberto. Finalmente, chegamos à via Ottaviano, nº 6, bem perto do Vaticano. Pronto, estávamos alojados.

Ledo engano. Não havia vaga. Bateu o desespero, mas o novo amigo não nos ia deixar na mão: levou-nos para uma "pensione" ao lado da estação de trem, a Stazione Termini. Talvez penalizado com a nossa situação, Roberto nos convidou para jantarmos à noite. Não consigo lembrar como conseguimos nos entender, mas o fato é que saímos para jantar. Os dois casais. Roberto com a Carla e eu com a Júlia. Ao terminarmos o jantar, eu paguei a conta. Pronto, se a conta foi paga por mim, eles precisavam retribuir. Fazia parte da praxe entre eles. Fomos convidados para almoçarmos, dois dias depois, domingo, na casa deles. E, assim, nasceu uma amizade que dura até hoje.

AVENTURA NA ITÁLIA — 2

A segunda história, que também tem a Itália como pano de fundo, é bem mais recente. Aconteceu em julho de 2016, mas tem seu início dez anos antes, quando **Gabriela** Herculano Serio se casou com o italiano **Giovanni** Serio. O casamento foi em Palermo, na Sicília, e eu e Stella fomos convidados por para ser padrinhos. E assim aconteceu.

Gabriela e Giovanni decidiram realizar o batizado do Luca, seu terceiro filho, junto com a comemoração das bodas de estanho (dez anos de casamento). Dessa vez em Trapani, pertinho de Palermo. E nós lá, de novo.

Depois de cinco dias na Sicília, fomos nos encontrar com os amigos **Hélio** Fernandes Machado **Júnior** e **Zuleide** Barata, em Roma, para fazermos uma jornada de dez dias, em comemoração aos 25 anos de casamento deles. Além de Roma, fomos a Florença, Veneza e Milão.

E nossa história começa em Roma, mais precisamente na saída do Vaticano. Depois da tradicional visita aos Musei Vaticani e à Basílica de São Pedro, fomos procurar um restaurante. Com o calor de verão que fazia, o mais importante no restaurante era que tivesse ar-condicionado. Encontramos um na Via di Porta Angelica. Já passava das 14h, e o restaurante estava relativamente vazio.

Chamou a nossa atenção o fato de todos no restaurante — desde o garçom, até o cozinheiro — serem indianos ou asiáticos. Dias depois descobrimos que, pelo menos em Florença e Veneza, o fato se repetia nos restaurantes.

Pois bem, já na escolha da mesa para almoçar, rolou um pequeno estresse. O garçom queria que sentássemos em determinada mesa, e nós escolhemos outra. Ora, bolas! Restaurante vazio, por que deveríamos sentar onde ele queria?

Ao terminar o almoço, pedimos a conta. Como aconteceu em quase toda a viagem, eu era responsável por analisar a conta por entender melhor o italiano. Ao receber a conta, o garçom informou que a gorjeta não estava incluída. Estranhei, porque estava destacado um valor correspondente a 10% adicionado ao total da conta, então perguntei o motivo. A explicação era de que se tratava do IVA, o imposto sobre o valor agregado. Acontece que em nenhum lugar esse valor era cobrado, e entendi que já era incluído. Decidimos, então, não dar a gorjeta por entendermos que estávamos sendo enrolados. O cozinheiro veio em socorro do garçom e começou a discutir e dizer uma série de impropérios. Tratamos de deixar o recinto o mais rápido possível, antes que fôssemos agredidos, e nem pegamos o troco, umas duas ou três moedas de euro. Pra quê? O indiano veio atrás de nós e entregou o troco aos berros.

O Hélio Júnior, com enorme criatividade e bom humor, inventou que eu tinha sido fotografado pelo indiano e minha foto estava sendo espalhada por toda a comunidade indiana da Itália, para haver a devida vingança. E parece que foi feita uma tentativa de vingança quatro dias depois, quando já estávamos em Florença.

Saímos para jantar em um restaurante próximo ao nosso hotel. O proprietário, "signore" Dário, nos recebeu efusivamente. Parecia que nos conhecia há muito tempo. Era até um pouco exagerado.

Para fugir um pouco das massas e lembrar dos churrascos do Hélio, pedimos um misto de carnes que vinha em espetinhos. Ao chegarem as carnes, um cheiro um tanto estranho veio da carne de porco. Comentei com o grupo, e, depois de longas confabulações, chamamos o dono, que levou a carne para a cozinha. Ouvimos o esporro que ele dava no cozinheiro que era indiano — como de praxe. Após alguns minutos, ele voltou, pediu mil desculpas e se propôs a repor a carne. Só se fosse outra que não a de porco. Entendemos que a carne estragada servida por um cozinheiro indiano fazia parte da vingança.

O mais grave foi que, depois desse dia, passamos várias vezes pelo restaurante e ele era mantido fechado.

Desconfiamos que, no entrevero entre o Dário e o cozinheiro indiano, alguma coisa mais séria aconteceu. Ou o Dário matou o cozinheiro e enterrou o corpo no quintal do restaurante, ou o cozinheiro matou o Dário e o emparedou na despensa do restaurante. Em qualquer das hipóteses, depois do sumiço do corpo, o autor do assassinato fugiu de Florença, estando aí a explicação de o restaurante se manter fechado.

A partir desse evento, no resto de toda a viagem, antes de entrar em qualquer restaurante verificávamos qual era a nacionalidade do cozinheiro. Se fosse indiano, ou parecido com um, procurávamos por outro estabelecimento.

AMIGOS DE TRABALHO
—

Na minha vida profissional, foram cinco empregos com carteira assinada. Cronologicamente, foram seis anos na revista *O Cruzeiro*, um ano na Faulhaber, mais um no Caneco, dois na FNM/Alfa Romeo e 16 na Usimeca. Inevitavelmente, muitas histórias, que passo a contar agora.

O MENSAGEIRO
Nos anos de 1969 e 1970, eu trabalhei no Estaleiro Caneco, época em que a indústria naval bombava. Curiosidade: no dia 21 de junho de 1970, o Brasil ganhou o tricampeonato mundial de futebol e levou definitivamente (nem tanto assim...) a taça Jules Rimet, que carinhosamente era chamada de "caneco". Pois bem, na segunda-feira saiu em uma página inteira do *Jornal do Brasil* um anúncio patrocinado pelo Estaleiro Caneco, com a foto da taça e a legenda "O Caneco é nosso".

Mas o que quero contar da minha passagem pelo Caneco é o apelido que ganhei dos meus chefes. Eu entrei lá como estagiário no Setor de Acabamento, cujo gerente era o engenheiro **Alceu** Mariano de Melo Souza. O engenheiro **Nelson** Perroni também trabalhava no Acabamento e era responsável pela fabricação das peças de caldeiraria que seriam montadas nos navios. Eu, como estagiário, me sentia subordinado a eles dois. A mim cabia "fiscalizar" os empreiteiros que desenvolviam atividades a bordo. Daí eu era o "chefe" do setor Acabamento a Bordo, que possuía um único funcionário: eu. As minhas atividades eram todas desenvolvidas a bordo dos navios que estivessem em construção.

Eu ainda não tinha me formado, e estava no último ano da Escola. A insegurança era total. E, por dia, eram diversas as vezes em que eu era tomado por dúvidas de como agir com os empreiteiros. Tinha o maior trabalho para descer do navio e ir ao escritório (na verdade, um barracão) onde ficavam os dois engenheiros, Alceu e Nelson. Batia na porta, entrava e narrava a minha dúvida. Um dos dois me orientava e eu voltava para bordo do navio, para aplicar a solução sugerida pelos meus "salvadores".

Os dias passavam, e eu visitando os dois engenheiros com minhas dúvidas e insegurança. Enchi tanto o saco deles que um dia, ao bater na porta e adentrar ao recinto, o engenheiro Nelson olhou para mim e, com a cara mais desconsolada do mundo, exclamou:

— Xiii!!! Lá vem o Mensageiro da mer&*#$%da.

Nunca mais me esqueci dessa história e já tive várias oportunidades, mais recentemente, de encontrar o engenheiro Alceu e dar boas gargalhadas recordando o fato.

Esse fato também serviu para me ensinar que o estagiário é um futuro colega que tem, naquele momento, uma insegurança muito grande e que precisamos apoiá-lo. Apesar do pouco tempo de convivência — cerca de um ano — com o engenheiro Alceu, aprendi muita coisa com ele.

SEBRAE/RJ

Entre 2013 e 2018, eu tive intenso contato com o Sebrae/RJ. Foram três edições da Feira do Empreendedor e três edições do Programa Sebrae de Excelência da Gestão (PSEG). Esse contato me permitiu estabelecer laços de amizade com diversas pessoas. Em destaque, aquelas que estavam diretamente relacionadas à Feira e ao PSEG: **Mirella** Marchito Condé, **Sandra** Helena Zavariz, **José Luiz** de Souza Lima, **Ricardo** Amaral e **Armando** Augusto Clemente.

EINSTEIN E O MOTORISTA – ZAP DO JOSÉ LUIZ

Em dezembro de 2018, recebi uma mensagem do José Luiz, contando uma piada que faz referência a Einstein e seu motorista. Quando o José Luiz me mandou a mensagem, ela tinha um final que fazia referência a um motorista que recebia cerca de 20 mil reais por mês, mas tinha movimentação bancária milionária. Vou contar a piada do meu jeito, dispensando aquele final. Aqui vai a piada:

> *O genial Einstein não gostava de dirigir, então contratou um motorista no início da carreira para chegar aos locais das palestras para as quais era convidado a ministrar. Durante o caminho, Einstein costumava falar de quão enfadonho era ter que repetir a mesma coisa em todas as palestras, e que a daquele dia seria para um pessoal sabidamente pedante e sabichão. O motorista se ofereceu para fazer a palestra daquele dia, já que, de tanto ficar sentado esperando, ele sabia o conteúdo de cabo a rabo. Zoeiros, eles trocaram de roupas, e, como Einstein iniciava a carreira, ninguém ali sabia ao certo como ele era. O motorista deu a palestra toda de forma irretocável. Mas um daqueles participantes sabichões encaminhou uma pergunta pelo microfone:*
>
> *— Em primeiro lugar, quero dar os parabéns pela clareza e pelo conteúdo perfeito. Apenas um reparo. Na última edição da Future's Science, foi apresentado trabalho que demonstra que, quando um átomo do plutônio salta da terceira órbita para a órbita subsequente, ele*

perde massa quântica e com isso passa a ter características que o tornam inerte. O que o senhor tem a dizer com relação a isso?

Evidentemente, o motorista não tinha entendido nada do que aquele sabichão dissera. Não perdeu a linha e respondeu, apontando para o fundo da sala:

— Sua pergunta é tão idiota que o meu motorista, lá atrás, irá responder.

EINSTEIN E O MOTORISTA — PALESTRA NA M. AGOSTINI

A mensagem do José Luiz me fez lembrar uma situação da qual participei, nos idos de 1993, quando atuava como consultor da Cezar Sucupira.

O consultor Eduardo de **Beauclair** Seixas estava fazendo contatos com a M. Agostini (ficava no bairro de Del Castilho, na cidade do Rio de Janeiro), na tentativa de vender um grande projeto de implantação de melhorias de gestão, incluindo diversas técnicas de origem japonesa — na época era o que havia de mais moderno.

Após algumas visitas, o Beauclair entendeu que uma boa estratégia para a venda do projeto era apresentar alguns dos profissionais da consultoria para que o cliente potencial pudesse ver a capacidade dos mesmos. E lá fomos nós: o Beauclair (o responsável por grande parte do possível projeto e especialista em técnicas japonesas), o Zailton **Duclerc** Verçosa (consultor da área de compras), o **Luiz Fernando** Pinheiro (área de manutenção) e eu, da área da qualidade, com um novo produto, o Total Quality Management (TQM), que também estava na moda. A agenda foi montada para que cada um falasse cerca de 20 minutos, e ao final de cada apresentação seria aberto espaço de alguns minutos para perguntas. Cada um de nós vendeu seu peixe e respondeu às perguntas do público. Não sei qual foi a estratégia pensada pelo Beauclair, mas a minha apresentação foi a última, posterior à dele. Após a minha exposição, apareceram duas ou três perguntas sobre o meu tema, até que alguém, talvez com uma dúvida sobre a palestra anterior, me mandou a seguinte questão:

— Como se pode garantir a acurácia dos estoques se considerarmos que o inventário dinâmico pelas suas características intrínsecas é diferente do inventário rotativo, principalmente se considerarmos que temos os insumos da linha de camisas de lampião estocadas no mesmo almoxarifado dos insumos das garrafas térmicas?

Foi aí que eu dei uma de motorista de Einstein. Contei toda a piada e completei:

— Vou pedir ao meu motorista Beauclair para lhe responder.

A consultoria não ganhou o projeto, e o Beauclair — sem nenhuma razão — até hoje garante que foi por causa da minha piadinha. Injustiça!

USIMECA

Trabalhei 16 anos na Usimeca, empresa que fica (até hoje) no quilômetro 181 (antigo 18) da rodovia Presidente Dutra, a popular Via Dutra.

Para nos situarmos, é bom dizer que a empresa foi fundada em 1920 e adquirida em 1943 pelo **Coronel Floriano** Peixoto Ramos, neto do marechal que foi presidente da República. O Coronel (era assim que os mais próximos o tratavam) era engenheiro e nos primórdios contou com a ajuda de um grupo de funcionários, no chão de fábrica, que lhe eram fiéis até a morte. Imaginem, naqueles anos da década de 1940, a dificuldade que o Coronel deve ter tido para a obtenção de mão de obra qualificada. Quando comecei a trabalhar lá, quem de fato conduzia a empresa era o genro do Coronel, o **Cesar** Moreira, engenheiro que, de certa forma, precisava — pelo menos no meu entendimento — mostrar suas habilidades para estar onde estava, e não por ter casado com a filha do dono. Realmente, eu tinha o Cesar como referência profissional.

O corpo de funcionários, principalmente aqueles que eram chamados de encarregados, tinha quase nenhuma formação escolar, mas em compensação era de uma dedicação sem igual. Quanto à competência, era limitada pela falta de formação. Fosse básica ou profissional.

Tentarei me lembrar dos nomes de algumas dessas "figuras", como forma de homenageá-las e também como forma de reconhecimento à contribuição que elas deram na minha formação. Afinal, eu tinha menos de três anos de formado quando fui trabalhar lá. **Franklin** Topázio Cunha, **Chico** Geleia, Luiz Gonzaga de **Brits**, Luiz Gonzaga **Frazão**, José Félix, o **Zé Cabrinha**, **Alfredo**, **José Félix** ferramenteiro, Haroldo **Baixinho**, **Messias** (manutenção mecânica), **Nelson** Marques, **Arlindo** do torno automático, **Adriano** da retífica, Nelson **Peranzzetta** (pai do músico Gilson Peranzzetta) e **Evilásio** Moreira. Deixei o Evilásio por último para destacar a forma como essa pessoa foi importante na minha vida, tanto profissional quanto pessoal. Ele era uma exceção entre os outros encarregados, pois tinha formação técnica do Senai. Era uma pessoa que passava seu conhecimento — tanto teórico quanto prático — com grande prazer. Sabia calcular uma engrenagem como poucos e, mais do que isso, preparava as fresadoras para usinar aquelas engrenagens. Aprendi muito com ele, principalmente o prazer de ensinar.

Imaginem quantas histórias acumulei, naqueles 16 anos, que mereceriam ser contadas, mas não sei se me lembro de todas. Então aqui vai uma que é muito boa.

DEPENDENTE DO IMPOSTO DE RENDA

Naqueles anos da década de 1970, as contas eram feitas na mão. Eram poucos os que tinham uma calculadora. E as instruções para preparar a declaração do imposto de renda eram um bicho de sete cabeças, com o agravante de que a cada ano essas instruções mudavam, e os valores de abatimento também. Informatização? Nem pensar. O preenchimento dos formulários era todo feito à mão, muito semelhante aos dos dias de hoje, mas imaginem preencher tudo a cada nova declaração. Não tinha a moleza que existe hoje de transferir os dados do ano anterior e só preencher o que tenha sofrido alteração.

Vai daí que surgiram os "fazedores de declaração de imposto de renda". Acho que ainda hoje existem, mas naquela época eram muitos e necessários.

Na Usimeca, lembro-me do **Rubens** Mattos, que trabalhava na Engenharia e era "fazedor de declarações". Ele cobrava qualquer coisa como uns cem reais de hoje para fazer a declaração. Aos clientes, cabia apenas assinar a declaração depois de elaborada pelo Rubens. E os clientes eram, justamente, aqueles encarregados que não tinham formação escolar e tinham muita dificuldade de preencher a papelada e entender o que era pedido em cada formulário.

O Rubens esboçava a declaração e conversava com o cliente sobre o resultado. Normalmente, era uma alegria muito grande quando havia restituição do imposto retido na fonte. Era só passar a limpo a declaração e correr para o abraço. Mas, quando não havia devolução ou era ridícula, o Rubens ficava com pena do "desinfeliz" e o orientava a identificar possíveis abatimentos: colégio, despesas médicas, dependentes.

E foi em um daqueles anos que o Rubens preparou o rascunho da declaração do Zé Cabrinha e chegou a um resultado em que haveria pagamento, e não devolução de imposto.

Na conversa entre eles, o Rubens perguntou sobre gastos com instrução. Não tinha nada. Os filhos do Zé eram pequenos e estudavam em escola pública.

— E despesas médicas? — foi perguntado ao Zé. Nada. — E dependentes?

O Zé Cabrinha fez uma cara de paisagem e respondeu com outra pergunta:

— Que diacho é isso?

Rubens explicou:

— Alguém que viva às suas custas.

O Cabrinha abriu um enorme sorriso e afirmou que o pai vivia às custas dele. Mas o Rubens esclareceu que, para incluir o nome do pai, precisava que fosse comprovada tal dependência. Zé Cabrinha, ainda com um sorriso no rosto, garantiu que no dia seguinte traria um comprovante.

Rubens nem se lembrava do assunto, quando logo de manhã adentrou na sala da Engenharia o Zé Cabrinha e, com grande alegria, entregou o "comprovante de dependência" ao Rubens, que não entendeu nada.

— Zé, o que é isso?

Era uma foto do pai do Zé Cabrinha na varanda da casa dele, deitado numa rede.

— É a prova que meu pai é o meu dependente. Vive o dia todo na rede sem fazer nada. Coloca aí nessa tal de declaração.

AMIGOS DO MESTRADO

Fiz meu mestrado no Latec/UFF. Comecei em agosto de 2002 e terminei em maio de 2004.

COMO IDENTIFICAR OS FALSOS AMIGOS

O Francisco de Assis **Medeiros** me deu uma definição muito boa de amigo. Na verdade, não é bem uma definição, mas uma forma de identificação dos falsos amigos. Segundo ele, quando você está mal — qualquer que seja a forma desse "mal"; por exemplo, de saúde ou de situação financeira —, aparecerão pessoas interessadas em ajudá-lo. Alguns poderão considerar essas pessoas como "amigas", mas para o Medeiros podem ser apenas indivíduos condoídos com a sua situação, e não necessariamente amigos.

O Medeiros sugere observar uma situação contrária. Você informa aos amigos que está numa situação excelente: tem ganhado bastante dinheiro, está numa fase de vida muito boa e até os convida para compartilhá-la. Chame-os para um churrasco na sua casa, convide-os para um passeio com *free mouth* (a famosa boca-livre). Você terá a oportunidade de ouvir, ver e conhecer comentários e atitudes de algumas pessoas pouco lisonjeiros à sua situação: "Como conseguiu?"; "Estranho, né?".

Eu, particularmente, depois dessa observação do Medeiros, identifiquei, em mais de uma oportunidade, alguns desses falsos amigos. E olha que era gente de relacionamento de décadas.

AMIGO OU COLEGA?

Outra do Medeiros que ele conta sempre quando nos encontramos.

Lá pelos idos de 2006, eu atuava como consultor na Petrobrás, contratado pela Sisgen, empresa de consultoria da Maria **Cristina** Alexandre Costa. Uma das diretorias em que atuamos foi a de Exploração e Produção (E&P), onde Medeiros trabalhava.

A Sisgen estava defendendo uma proposta apresentada para a implantação do modelo de gestão da FNQ na E&P, e quem estava analisando essa proposta? Quem? O Medeiros. Um dia, na fase de análise da proposta, foi marcada uma reunião com alguns figurões da E&P — inclusive o Medeiros — e os consultores da Sisgen. O que ainda resta na minha memória sobre essa reunião é que foi realizada numa sala enorme, com a presença de mais de 20 pessoas: nós, consultores, em completa minoria. Éramos cinco.

Segundo o Medeiros, ele estava "cheio de dedos para contratar a consultoria, mesmo depois de pedir para o pessoal verificar cada detalhe e centavo, tolerância zero, excesso de zelo".

Ao Medeiros, coube a condução da reunião. Fez as apresentações formais e totalmente desconfortável por eu estar no grupo "oposto", afinal, fomos colegas de mestrado na UFF, lá nos idos de 2002 e 2003, mas a altura já tínhamos construído amplos laços de amizade, inclusive viajado com as famílias para fins de semana em Penedo.

A saída do Medeiros foi me apresentar com pouca intimidade, dizendo que o Odair Quintella (bem formal!) era colega seu de mestrado. Mas eu, como um perfeito "sem-noção", o corrigi no ato:

— Colega, não. Amigo. E a Petrobrás tem mais é que se orgulhar de ter empregados como você.

E o Medeiros, algum tempo depois, ainda completou a minha afirmação dizendo que foi uma das maiores lições que teve na vida.

Ali eu poderia ter perdido o amigo e ter ficado apenas com o colega. Mas felizmente somos amigos até hoje.

DEFESA OU ATAQUE?

Sempre tive a curiosidade de saber por que o fechamento de um mestrado ou doutorado se dá com a **defesa** da dissertação ou tese. Uma das minhas hipóteses é de que a banca, normalmente composta de "phDeuses", aproveita esse momento único para aparecer. Vai daí que ataca a dissertação ou tese e, até mesmo, o pobre coitado (bem apropriado, esse adjetivo) do mestrando ou doutorando. Como consequência, o aluno tem, como saída, que se defender.

Isso posto, vai aqui a primeira história. E, por acaso, foi na minha defesa de mestrado.

No Latec/UFF, a regra do mestrado — pelo menos na minha época — era de que a banca seria composta de três doutores e um especialista. O especialista foi o **Tadeu**, superintendente da Fundação Nacional da Qualidade (FNQ). Os professores foram o meu orientador, **Gilson** Brito Alves Lima, professor da UFF **Martius** Vicente Rodriguez y Rodriguez, e o **Marcus Vinicius** Rodrigues, da Fundação Getúlio Vargas (FGV). A participação do Marcus Vinicius fazia parte da regra que dizia que, obrigatoriamente, um professor de fora da UFF deveria fazer parte da banca. O Marcus foi escolhido por mim, por ser meu colega dos cursos de MBA da FGV e por já termos feito algumas atividades juntos por meio da empresa dele chamada CASO — Consultores Associados.

Uma coisa que descobri foi que, dos quatro, o único que leu por inteiro a minha dissertação foi o Tadeu, que veio a participar da banca por ser especialista no tema tratado: sistema de medição das organizações, o chamado *balanced scorecard* (BSC). Segundo minha visão, foi o único que contribuiu com pontos importantes para a melhoria do trabalho. Aqui valem um registro e um reconhecimento.

Agora abro um parêntese para explicar uma ideia "genial" que tive e me deu um trabalho enorme. Depois da dissertação praticamente pronta, sob o ponto de vista de conteúdo, eu quis dar um toque com minhas características. Qual foi? Para cada capítulo, eu pesquisei uma frase de dois ídolos meus: Millôr Fernandes e Apparício Torelly, também conhecido como Barão de Itararé. Dois ícones do humorismo social e político. Só para ter uma ideia, nos agradecimentos que abrem a dissertação, coloquei como subtítulo a seguinte frase do Barão de Itararé: O "MUITO OBRIGADO" É SEMPRE UM PAGAMENTO MÓDICO.

A grande contribuição que o Marcus Vinicius deu foi a sugestão de retirar todas as citações dos subtítulos por não serem acadêmicas. Assim fiz para a edição final da dissertação. Detalhe: todas as citações eram referenciadas na bibliografia.

Mas até hoje não me conformo com a retirada das citações. Estou aproveitando esta oportunidade — passados 15 anos — para recuperar esse "profundo" trabalho de pesquisa realizado por mim e reproduzo a seguir todas as citações com os respectivos capítulos. Peço um favor a vocês: façam o seu próprio julgamento se deveriam constar ou não.

AGRADECIMENTOS: *O "muito obrigado" é sempre um pagamento módico — Apparício Torelly.*

O PROBLEMA: *Tudo seria fácil se não fossem as dificuldades — Apparício Torelly.*

REFERENCIAL TEÓRICO: *Sábio é o homem que chega a ter consciência da sua ignorância — Apparício Torelly.*

O MODELO PROPOSTO: *Teoria é uma exposição provando a existência de uma coisa que não existe — Millôr Fernandes.*

APLICAÇÕES DO MODELO PROPOSTO: *Se você não consegue realizar seus sonhos, procure ao menos evitar a realização de seus pesadelos — Millôr Fernandes.*

CONCLUSÕES: *Eu só não sou o homem mais brilhante do mundo porque ninguém me pergunta as respostas que eu sei — Millôr Fernandes.*

OBSERVAÇÃO: Em janeiro de 2019, no início do governo do PSL, Marcus Vinicius assumiu a presidência do Instituto Nacional de Estudos e Pesquisas Educacionais Anísio Teixeira (INEP) — o órgão responsável pelo ENEM, entre outras coisas. O Marcus Vinicius não aguentou a bagunça que se estabeleceu no Ministério da Educação e pediu exoneração 55 dias após ter sido nomeado.

UMA DEFESA QUE MERECEU UM CALOROSO "MUITO BOM!"

Como já contei anteriormente, o meu mestrado aconteceu de 2002 a 2004. A turma era composta de 40 alunos. Sem medo de errar, posso dizer que uns 30 eram professores dos cursos de extensão (MBA) da FGV. Todos estavam ali porque a FGV passou a exigir que os seus professores de MBA, para continuarem a dar aula, precisavam ter o título de mestre. Era uma turminha difícil e ao mesmo tempo divertida. Alguns de nossos professores entendiam o espírito da turma e se posicionavam como verdadeiros colegas e, até mesmo, amigos. Mas havia alguns que gostavam de bater de frente com os alunos e nos tratavam como se fôssemos colegiais. Seria medo daquelas "feras" da FGV?

Um dos alunos considerado por boa parte da turma como nosso "guru" era o Sucupira. Só não era o mais velho da turma porque esse estandarte era meu. Eu tinha 57 anos quando comecei o mestrado, e Sucupira era um ano mais novo do que eu.

Para vocês terem uma ideia de quem era o Sucupira: no primeiro dia de aula, a coordenação do curso fez a abertura com um quebra-gelo. E uma das coisas pedidas era que cada um informasse o objetivo de fazer o curso. Depois de algumas apresentações — em que eram ditas coisas do tipo "aumentar meus conhecimentos", "conhecer novas técnicas", "melhorar minhas atividades como professor" —, chegou a vez do Sucupira, que, com toda a sinceridade do mundo, declarou, em alto e bom som: "Eu quero esse diploma de mestre para poder continuar dando minhas aulas na FGV".

No fundo era o objetivo número um de todos aqueles professores que estavam ali, mas o único que teve a coragem de dizer, na maior prova de sinericídio, foi ele. Eu tive o privilégio de trabalhar como consultor com o Sucupira na sua empresa, por nove anos. Foi um mestre para mim. Costumo dizer que tudo que aprendi na arte de ser consultor (e não professor) foi com o Sucupira. Infelizmente, a diabetes o levou muito cedo. Outubro de 2009.

Mas preciso contar o "causo" da defesa do Sucupira.

Primeiro deixe-me explicar que, durante nossas aulas, eu inventei um bordão que era dito por mim ao fim de alguma apresentação de trabalho de um colega. O bordão era o "**MUITO BOM**", dito de forma impostada e quase soletrada. Evidentemente que eu só o usava se o clima da aula assim o permitisse.

Outra explicação: a nossa turma era muito entusiasmada, no bom sentido, e havia uma combinação no sentido de que, em todas as nossas defesas e se fosse possível, compareceríamos em massa para dar apoio ao colega que estivesse defendendo.

Mais uma explicação: o Sucupira teve a "sorte" de não conhecer o seu orientador. Aquele que foi designado, um coronel que também era professor do Instituto Militar de Engenharia (IME), fora transferido para Brasília para implantar o programa de qualidade no Exército Brasileiro. Não nos esqueçamos de que naquela época as comunicações eram precárias. Usar e-mail era uma coisa avançadíssima, e no caso dele não adiantava nada. O Sucupira não esperou pelo seu orientador. O tema da sua dissertação era o estado da arte em logística. No Brasil, naquela época, ele era um dos maiores conhecedores desse assunto. Só que ele não sabia (nem nós, demais alunos) que, para fazer uma dissertação, a academia exige um certo ritual e a estrutura da dissertação precisa obedecer alguns princípios. Exemplos: os capítulos devem seguir uma certa lógica, os verbos devem ser usados na terceira pessoa, as referências bibliográficas citadas precisam ter registro no ISBN e outras "cositas más". Mas, como estava sem orientador, fez no formato que entendeu ser o melhor. A dissertação estava toda na primeira pessoa do singular — "mantive contato com Paulo Sérgio Fleury, com quem troquei mensagens por meio eletrônico (ver anexo 12)" —, os capítulos estavam estruturados de acordo com a experiência que ele tinha como empresário de uma grande consultoria, e o maior de todos os "crimes": todo o material impresso estava em papel timbrado da Cezar Sucupira Consultoria, a sua empresa.

No dia da defesa, estávamos lá. Como já dito antes, a banca era composta de dois professores da UFF e um externo que fora escolha do próprio Sucupira — um professor da FGV, especialista em logística que conhecera na Associação Brasileira de Administração de Materiais (Abam). O detalhe é que, como o orientador original ainda estava em Brasília, foi designado, a poucos dias da defesa, um novo orientador que, evidentemente, não teve tempo nem condições de mudar nada.

Sucupira gastou seu tempo regulamentar de forma brilhante, mas todos ficaram pasmos. O ritual acadêmico exige que a defesa seja feita para a banca, porém a apresentação foi feita para a plateia — na sua maioria seus colegas, uns 20. Os *slides* que ele apresentava reproduziam aquilo que estava na sua dissertação: uso da primeira pessoa do singular, uso da logomarca da sua empresa. Uma apresentação perfeita se fosse para vender algum serviço de consultoria, mas os aspectos acadêmicos nem passaram por perto.

É praxe no ritual acadêmico que o presidente da banca, ao final da apresentação, passe a palavra para comentários ao professor externo. No caso, seria o professor da FGV. Mas o que fez o Sucupira? Ao terminar a apresentação, não deu nenhuma oportunidade ao presidente da banca. Virou-se para a plateia — mais especificamente para mim — e perguntou: "Odair, o que você achou?". Parecia combinado. Soltei aquele bordão que nos acompanhava há dois anos: "Muito bom!".

O presidente da banca, ao tomar as rédeas da defesa, passou a palavra para o convidado — o professor da FGV. A primeira coisa que ele falou, dirigindo-se para mim, foi: "Quem decide se a dissertação é boa ou não é a banca". E desceu o pau na apresentação. Citando, natural e principalmente, a falta de atendimento dos aspectos acadêmicos da dissertação. Porque, afinal, do conteúdo não havia ninguém naquela sala que tivesse mais conhecimento do que o Sucupira.

Seguiram-se os comentários dos outros professores, e, antes do encerramento da sessão, o presidente da banca perguntou, como também é de praxe, se alguém gostaria de apresentar algum comentário. Não perdi a oportunidade. Levantei o dedo e pedi a palavra, dirigindo-me para o professor convidado: "Desculpe-me se pareceu irreverência de minha parte. O bordão "muito bom" é uma forma quase de cumprimento de nossa turma". E em seguida, dirigindo-me ao Sucupira, não me contive: "Cezar, o seu trabalho está MUITO BOM!".

Em seguida, a banca saiu para a decisão. Voltou com a aprovação parcial, mas a dissertação deveria ser enquadrada ao que a academia pedia.

Não sei se pelas exigências ou pela minha intervenção "sem-noção", o Sucupira nunca apresentou a versão final da sua dissertação. Era o seu objetivo do mestrado, mas morreu sem receber o título. Para todos nós, ele sempre foi nosso MESTRE. Certificado pelos seus amigos.

DANIEL: DEZ, NOTA DEZ!

Já estávamos chegando ao final das aulas do mestrado, lá pelos idos de 2003. A última disciplina (que não me lembro qual foi) foi conduzida pelo professor **Emmanuel** Paiva de Andrade, que, diga-se, foi um professor de passagem marcante pelo curso, por sua inteligência e pela forma descontraída de conduzir as aulas. Coincidência ou não, ele também foi o professor da primeira disciplina — metodologia científica (essa, eu me lembro: a primeira disciplina nunca se esquece). Aliás, há uma passagem nessa disciplina que mostra o perfil do Emmanuel. Na primeira aula, ele indicou um livro que seria usado na disciplina. Depois de umas duas aulas, confessou para a turma que o livro era muito chato e que, se todos concordassem, ele iria abandonar o livro. E assim aconteceu.

Mas vamos ao causo da segunda disciplina. Depois de várias aulas e já chegando aos finalmentes, o Emmanuel nos confessou que não tinha ideia de como iria fazer a nossa avaliação. Àquela altura do campeonato, demos a maior força para que não nos obrigasse a fazer trabalhos ou provas. Então, ele apresentou sua ideia para efetuar a avaliação: cada um daria a si mesmo uma nota, com um "porém". Teria que justificar a nota autoaplicada. A ideia teve a aprovação unânime da turma. O Emmanuel foi correndo pela lista de alunos e pedindo as notas e justificativas. Eu me lembro que "me dei" a nota 8, com a justificativa de que reconhecia algumas falhas no meu aprendizado por falta de atenção em certos momentos. E assim iam seguindo as notas e justificativas. Mas, quando chegou a vez do **Daniel** Ângelo Silvestre, foi a maior expectativa. Pelo seu perfil extremamente inteligente, qual seria a nota que Daniel se autoaplicaria? Não foi surpresa para a maioria de nós quando ele aplicou a nota DEZ. A surpresa foi a justificativa.

— Professor Emmanuel, eu estou concluindo as disciplinas deste curso de mestrado e estou vendo esta oportunidade como a derradeira para ter uma nota 10. Eu não tive nenhuma nota 10 no curso. E esta é a última esperança. Aquela que não morre.

Daniel recebeu a "merecida" nota 10.

Encontrei há uns meses o professor Emmanuel em um congresso da UFF e relembrei a história. Ele não se lembrava. Não faz mal. Nós da turma lembramos muito bem.

HISTÓRIAS INVENTADAS
—

Lembro-me de duas histórias inventadas que tiveram consequências. Uma sem maior problema, inventada por mim; a outra, nem tanto, elaborada pelo repórter **Afrânio** Brasil Soares, da revista *O Cruzeiro*. Em comum, nas duas, sorteios de loteria.

O BILHETE DA LOTERJ
Esta história se passa no ano de 1967. Eu trabalhava na Revisão d'*O Cruzeiro*, e existia entre os revisores uma espécie de vício que consistia em comprar bilhetes de loteria e curtir a expectativa dos sorteios e imaginando o que fazer com o prêmio. Sempre comprávamos os bilhetes inteiros, rachando o valor da compra entre nós que, na nossa opinião, era alto. E ainda havia a cisma de que, se comprássemos frações do bilhete, estaríamos dividindo a nossa sorte com estranhos.

Fico só imaginando se fosse hoje, com tantas loterias da Caixa. Naquela época existiam três sorteios: quarta-feira e sábado, da Loteria Federal, e sexta-feira, da Loteria Estadual da Guanabara, Loteg (atual Loterj). Fora os sorteios especiais, como São João, Natal e Réveillon. Era, realmente, uma febre. E acabávamos envolvendo outros setores da empresa como a Redação, por exemplo, onde atuava o Afrânio, o personagem da nossa história.

Um dia, o Afrânio entrou na nossa sala, impecavelmente vestido, como sempre, e aos berros anunciou que tinha ganhado na Loteg. Abanava o bilhete. Ele tinha comprado um bilhete inteiro. Ficamos felizes por ele ter sido premiado e, ao mesmo tempo, com um pouco de inveja. Porque não tínhamos sido nós?

 Não sei por que eu registrei o número e no dia seguinte fui verificar, na banca de revistas que existia perto da minha casa, o resultado. Naturalmente, procurei o resultado do último sorteio. Não encontrei nada parecido com o número que tinha. Procurei os resultados de uma, duas, três semanas anteriores, e nada. Talvez eu tivesse decorado o número errado. Deixei de lado e pensei em esclarecer a dúvida com o Afrânio na primeira oportunidade, afinal, fiquei curioso. E assim fiz. Encontrei com o Afrânio no elevador e comentei com ele. Eu iria para o nono andar, onde trabalhava. Quando chegamos ao sétimo andar, onde ele ficava, me pediu para sair do elevador com ele e me contou a consequência nefasta da sua história: a notícia da sua "sorte" tinha corrido por toda a empresa, e uma pessoa o procurara para contar uma história escabrosa. Ela trabalhava na Tesouraria da empresa e tinha dado um desfalque que correspondia, mais ou menos, à metade do prêmio. E pedia, desesperadamente, que ele a socorresse. O Afrânio ficou absolutamente constrangido e sem jeito de lhe dizer que era uma história inventada, mas não teve outro jeito. Pediu-me que não divulgasse o fato e que o ajudasse a contar que o prêmio fora uma brincadeira que ele não avaliou que teria a consequência que teve.

AO SORTUDO, UM CARRO!

Existia na década de 1960 um concurso coordenado pela Secretaria de Finanças do Estado da Guanabara chamado "Seus talões valem milhões". O consumidor, toda vez que fizesse uma compra no comércio ou recebesse um serviço, solicitava o comprovante da compra ou do serviço realizado. Ao somar o valor simbólico de 40 mil cruzeiros, ele trocava por um bilhete. Em cada concurso existia um milhão de bilhetes e, quando todos estavam distribuídos, era realizado um sorteio na sede da loteria estadual. Era uma forma de combater a sonegação usando o contribuinte como fiscal da secretaria.

No dia 15 de dezembro de 1965, ocorreu o sorteio da série L, e eu fui sorteado com o segundo prêmio, a bela quantia de um milhão e seiscentos mil cruzeiros. Corresponderia, em 2019, a uns R$ 25.000,00. Nada mau para um estudante no primeiro ano de engenharia. A notícia da premiação saiu em todos os jornais da cidade do Rio de Janeiro. Tenho, ainda hoje, o recorte de pelo menos oito jornais do dia seguinte com a notícia. Muitos colegas da Escola de Engenharia ficaram sabendo do fato.

Passados uns dois anos, aconteceu a "história inventada" — por mim — que se relaciona com o prêmio de um milhão e seiscentos.

Os jogos do campeonato carioca estavam tendo baixíssima frequência de público. Para aumentar a presença de torcedores, a federação de futebol resolveu sortear, entre aqueles que fossem aos jogos do Maracanã, uma série de prêmios. O principal era um automóvel. Na época eu gostava de ir a jogos e fui a um daqueles em que haveria sorteio. Esse sorteio era realizado na semana seguinte ao jogo e publicado nos jornais.

Talvez por não ter o que fazer e inspirado na história do Afrânio, inventei de compor uma notícia nas oficinas d'*O Cruzeiro* (lembre-se de que eu trabalhava lá) e imprimi-la em um pedaço de papel-jornal, dando ao recorte a cara de verdadeiro. A notícia informava que, entre os ganhadores da semana, estava o número da entrada do jogo a que eu de fato assistira. A notícia dizia mais ou menos o seguinte:

Foi realizado ontem, na sede da Federação Carioca de Futebol, o sorteio dos prêmios correspondentes aos jogos

do último final de semana. Os números premiados e correspondentes prêmios foram os seguintes:
   1.º — 15.138 — Automóvel Gordini III
   2.º — 42.718 — Geladeira Frigidaire
   3.º — 00.187 — Televisão Telefunken 14'
   [...]
Os contemplados deverão procurar a Federação para providenciar a retirada dos seus prêmios.

De posse da notícia falsa e da entrada com o número do primeiro prêmio, passei a mostrá-la para os colegas da Escola de Engenharia. Mas as reações foram de indignação. Eu já tinha me esquecido que havia ganhado — de verdade — o "Seus talões valem milhões", mas muita gente, não. E o mínimo com que me qualificaram foi de "cagão de sorte que nasceu com o c*&¨$%u virado para a lua".

Com medo de tomar uns cascudos, adotei a mesma solução do Afrânio e passei a desmentir a notícia, mas descobri que não é tão fácil. Até hoje o Joviano não acredita no desmentido e todas as vezes que me encontra pergunta pelo Gordini.

MIGUEL PEREIRA
—

Faz cerca de dez anos que Miguel Pereira entrou na minha vida. Consequentemente, pelo curto espaço de tempo passado, as amizades são recentes. E, como forma de registrar o meu carinho por esta cidade, vou relatar uma história contada por uma amiga miguelense. Aqui será aberta uma exceção aos princípios deste livro, como explicado na "introdução", quanto aos três fatores para um causo ser incluído no livro: neste, eu não participei.

VOVÓ DAS MARACUTAIAS
A amiga é a **Vânia** Bastos, minha professora de pilates. E esta história se refere às férias que ela tirava com a família em Guarapari, Espírito Santo, quando tinha por volta de 10 anos.

Era sempre uma festa a viagem para Guarapari. Iam os seus pais, mais a avó materna — dona Amélia — e seus três irmãos. Saíam de Governador Portela, distrito de Miguel Pereira, e partiam para a "aventura". É fundamental dizer que a viagem era realizada em um fusquinha, dirigido pelo pai da Vânia.

Essa aventura tinha "apenas" 470 km, passando por Paty do Alferes, Três Rios, Além Paraíba e Bom Jesus de Itabapoana, com duração de nove horas, aproximadamente. A viagem começava de madrugada, para chegar em Guarapari ainda com dia claro. E era sempre a mesma coisa: mal saíam de casa, com todo mundo apinhado no carro, mesmo antes de chegar a Paty do Alferes, com 20 minutos de viagem, alguém vinha com a pergunta clássica:

— Já estamos chegando?

Numa viagem dessas, com tanta gente, era de lei que se fizessem algumas paradas hidráulicas, isto é, para fazer xixi e beber água. Tudo bem, mas o pior é que tinha sempre alguém que queria fazer xixi logo depois da parada.

Quando finalmente chegavam a Guarapari, ficavam na casa de um tio, irmão do seu pai, e tinham a oportunidade de encontrar um montão de primos e primas. Porém a maior alegria era ir à praia, afinal, a praia mais próxima de Govenador Portela ficava na cidade do Rio de Janeiro, a duas horas de viagem, e raramente podiam se dar a esse luxo.

Em uma dessas férias, ao chegarem, ainda era dia e a vovó Amélia pegou Vânia, os irmãos e mais quatro primos e foram dar um passeio na Praia das Castanheiras. Estavam caminhando pela areia quando cruzaram com um ambulante que vendia bijuterias. A avó o chamou e fez com que todas as crianças se adornassem com pelo menos uma peça do ambulante. Brincos, pulseiras, anéis. O ambulante com um sorriso em toda a boca. Ia ser um belo faturamento, já retornando para casa, no final de um dia em que não tinha vendido quase nada.

Vovó Amélia, então, perguntou:

— Está todo mundo com seu presente?

A resposta foi uníssona:

— Siiim!

E vovó emendou:

— Então, todo mundo corre porque eu não tenho dinheiro para pagar.

E foi a maior correria. O vendedor, sem acreditar no que estava acontecendo, ficou estático, vendo aquele bando de pivetes, comandado pela avó, sumir na esquina da rua Dr. Silva Melo.

Antes de chegarem na casa onde estavam hospedados, vovó Amélia advertiu a todos:

— Nada de contar em casa o que aconteceu, porque os seus pais vão bater em vocês.

E assim foi. Todos ficaram de bico calado.

Mas o melhor (ou pior) estava por vir. Segundo relata a Vânia, ela ficou extremamente chocada. Primeiro, porque estava se considerando uma ladra e, segundo, porque não podia contar nada a ninguém com medo do castigo do pai.

As férias acabaram, e a vida voltou ao normal. Normal para qualquer um, mas não para a Vânia. Na escola, ela estava tendo um comportamento estranhíssimo. Ficava quieta e calada na sua carteira e, quando era solicitada pela professora a fazer alguma atividade, ela se negava. Aparentemente dava a entender que não era capaz de fazer o que a professora pedia, mas na verdade ela olhava para os colegas e pensava "Eu sou uma ladra". Chegou a tal ponto que a professora recomendou à Vanilda — mãe da Vânia — que procurasse uma ajuda psicológica para a filha. E assim foi feito. A Vânia pôde contar para a terapeuta o que a fazia ter aquele comportamento e, com isso, retomou sua vida normal.

EU NUNCA
—

O Artur Xexéo publicou, na *Revista O GLOBO*, de 30 de outubro de 2011, uma extensa lista de "nuncas". Coisas que ele nunca fez. Quando li, achei engraçado, porque eu e meu irmão já vínhamos colecionando a nossa lista dos "eu nunca".

Vou apresentar a minha lista com uma variável: além da lista dos "eu nunca", vou apresentar mais três listas — uma que contém o que eu fiz e não voltarei a fazer, outra com o que fiz e tenho muita vontade de fazer de novo e a quarta o que nunca fiz, mas gostaria de fazer.

Mais uma coisa: se alguém achar que é necessário explicar o porquê dos meus "nuncas", eu conto em particular. Seria muito exaustivo explicar aqui cada um dos itens.

Vamos às listas.

EU NUNCA FIZ E NÃO PRETENDO FAZER
Ir ao Sambódromo, consequentemente nunca desfilei na Sapucaí.
Ir aos Estados Unidos e, por tabela, ao México e ao Canadá.
Usar drogas ilícitas.
Ir ao Rock in Rio.
Conhecer Teresina.
Contribuir com o programa assistencialista Criança Esperança.
Andar de montanha-russa.

FIZ E NÃO VOLTAREI A FAZER
Ir a Fernando de Noronha.
    Ir à ilha de Paquetá.
    Fazer cruzeiro fluvial em rios da Europa, por exemplo, Danúbio.
    Comer miolo de boi.
    Subir na Torre dos Clérigos, na cidade do Porto.

FIZ E GOSTARIA DE FAZER DE NOVO
Ir a Maragogi.
    Ir à Itália visitar meu amigo Roberto Roberti.
    Ir à França, em especial à Provence.
    Ir a Portugal, procurar a herança dos antepassados.
    Ir à Espanha, em especial a Barcelona e ao Bairro Gótico.
    Comer coração de boi.
    Casar mais uma vez com a Stella — será a sexta vez.

EU NUNCA FIZ, MAS GOSTARIA DE FAZER
Andar de helicóptero.

"SUGESTÕES E RECOMENDAÇÕES"

Se este livro fosse uma dissertação de mestrado, terminaria com o capítulo "Sugestões e recomendações", onde, devido à delimitação do seu escopo, apareceriam alguns tópicos para aprofundamento em trabalhos futuros. Há histórias e amigos que mereceriam ser citados, mas deixei para um eventual trabalho futuro. Caso contrário, não atingiria o objetivo que é terminar o livro e publicá-lo até fevereiro de 2020.

Histórias como a bronca do gondoleiro Pietro, em Veneza, ou as histórias relacionadas à implantação da norma ISO 9000, inclusive ministrando aula para surdos, e as inúmeras histórias acontecidas enquanto ministrava aulas pela FGV em conveniadas por este Brasil afora e na própria FGV.

É um manancial para "trabalhos futuros".

RELAÇÃO DE NOMES CITADOS
—

Aqui são apresentados os nomes das pessoas citadas nos textos.

INTRODUÇÃO
   Fernando Antônio Quintella Ribeiro
   Nilza Quintella Ribeiro

TIPOS DE AMIGO
   Luiz Cesar Mesquita Quintella
   Luiz **Salgueiro**
   Cezar Augusto **Sucupira**
   Waldyr Garcia de Oliveira Neto
   Márcio Machado
   Alexandre Guilherme de Oliveira e Silva
   Nauberto Rodrigues Pinto
   Romeu Carlos Lopes de Abreu
   Pedro Augusto de Araújo Pinto
   Stella Regina Reis da Costa
   Aloísio da FGV
   Moisés Leão Struchiner
   João Luiz Struchiner
   Orion von Sidow Castro
   José Carlos **Abrahão**
   Maria **Júlia** Pereira Quintella
   Daniela Pereira Quintella

Leonardo Pereira Quintella
Marco Antônio Chaves Delgado

COLÉGIO SOUZA AGUIAR
Francisco (**Chico**) Menescal Pedrinha
Antônio Ivo Menezes Medina
Hélio Canejo da Silva Cunha
Paulo Rónai
Elder Melo de Matos
Laércio Cabral Lopes
José **Ramon** Varela Blanco
Luciano Gnone Filho
Reginaldo Gomes Garcia dos Reis
Luiz Alberto Wanderley
João Paulo Arteiro **Marzano**
Orlando **Valverde**
Almir Peixoto
Leila Roque **Diniz**
Joaquim Ferreira dos Santos
Lídice Meireles Picolin
Vera Vanique
Maurício Houaiss
João Rodolfo do Prado

ESCOLA NACIONAL DE ENGENHARIA – ENE
Adelino Knust Neto
Paulo Sérgio de Carvalho **Padilha**
Luciano Santiago Rosas
João **Bosco** Amarante Oliveira
João Marcos **Lesqueves**
José Maria Martins **Coutinho**
Cesar Gonçalves Neto

Joviano Rezende Neto
Carlos Alberto Vieira **Muniz**
Hudson Rodrigues Marinho
Ronaldo Moraes Rezende — **Buzina**
Godofredo Leite Fiuza Neto — **Godô**
Hugo Dantas Pereira

PRÊMIO NACIONAL DA QUALIDADE — PNQ
Antônio **Tadeu** Pagliuso
Silvana Hoffmann
Basílio Vasconcelos **Dagnino**
Regina Aguiar
Francisco Paulo **Uras**
Ricardo Motta
Ariosto Lima Farias Júnior
Vítor Hofmann
Carlos Amadeus **Schauff**
Claudius **D'Artagnan** Cunha de Barros
Maria **Cristina** Alexandre Costa
Dalton Bucelli

AVALIAÇÃO EM MAPUTO
Luiz Carlos **Nascimento**
Marcelo Marinho **Aidar**
José **Parada** de Oliveira Júnior
Ariosto Lima Farias Júnior
Vítor Hofmann
Sergio Queiroz
Suzana Herculano-Houzel

AMIGOS DA VIDA
Sérgio Roberto Rodrigues

Henrique Cazes
Maria **Júlia** Pereira Quintella
Roberto Roberti
Gabriela Herculano Serio
Giovanni Serio
Hélio Fernandes Machado **Júnior**
Zuleide Barata

AMIGOS DE TRABALHO
Alceu Mariano de Melo Souza
Nelson Perroni
Mirella Marchito Condé
Sandra Helena Zavariz
José Luiz de Souza Lima
Ricardo Amaral
Armando Augusto Clemente
Eduardo de **Beauclair** Seixas
Zailton **Duclerc** Verçosa
Luiz Fernando Pinheiro
Coronel Floriano Peixoto Ramos
Cesar Moreira
Franklin Topázio Cunha
Chico Geleia
Luiz Gonzaga de **Brits**
Luiz Gonzaga **Frazão**
José Félix, o **Zé Cabrinha**
Alfredo
José Félix ferramenteiro
Haroldo **Baixinho**
Messias
Nelson Marques
Arlindo

Adriano
Nelson **Peranzzetta**
Evilásio Moreira
Rubens Mattos

AMIGOS DO MESTRADO
Francisco de Assis **Medeiros**
Maria **Cristina** Alexandre Costa
Antônio **Tadeu** Pagliuso
Gilson Brito Alves Lima
Martius Vicente Rodriguez y Rodriguez
Marcus Vinicius Rodrigues
Emmanuel Paiva de Andrade
Daniel Ângelo Silvestre

HISTÓRIAS INVENTADAS
Afrânio Brasil Soares
Joviano Rezende Neto

MIGUEL PEREIRA
Vânia Bastos

EU NUNCA
Roberto Roberti
Stella Regina Reis da Costa

Esta obra foi composta em Minio Pro 11 pt e impressa em
papel Pólen Soft 80 g/m² pela gráfica Meta.